新媒体运营

电商人从零开始学运营

苏 华 ◎ 著

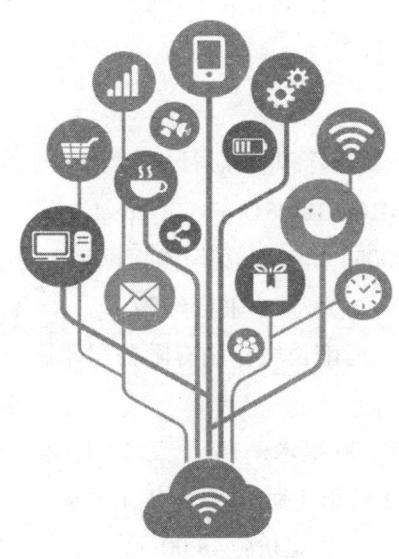

中国商业出版社

图书在版编目（CIP）数据

新媒体运营：电商人从零开始学运营/苏华著．--北京：中国商业出版社，2021.1
　　ISBN 978-7-5208-1273-3

Ⅰ．①新… Ⅱ．①苏… Ⅲ．①电子商务—运营管理 Ⅳ．① F713.365.1

中国版本图书馆 CIP 数据核字（2020）第 178321 号

责任编辑：侯　静　杜　辉

中国商业出版社出版发行
010-63180647　www.c-cbook.com
（100053 北京广安门内报国寺 1 号）
新华书店经销
三河市长城印刷有限公司印刷
*
710 毫米 ×1000 毫米　16 开　12.5 印张　175 千字
2021 年 1 月第 1 版　2021 年 1 月第 1 次印刷
定价：48.00 元
****
（如有印装质量问题可更换）

前言
PREFACE

在移动互联网迅速发展的今天，新媒体对传统媒体带来了很大的冲击，同时也为许多行业的发展提供了新的营销平台。本书就是带领大家一起认识新媒体及新媒体运营，帮助新媒体运营从业者走上进阶之路。

新媒体是相对于报纸、广播、电视等传统媒体而言的，主要包括网络媒体、移动媒体等，它偏重于为受众提供个性化的服务，同时为信息传播者和信息接收者提供一个可供交流的平台。新媒体运营简单来说就是利用微信、微博等新媒体平台进行产品营销的一系列运营手段。强调策划与品牌密切相关的优质的、具有高度传播性的内容，以及开展线上、线下（主要是线上）营销活动，提高用户参与度和品牌知名度，从而达到营销的目的。

做新媒体运营，不仅要对它进行了解，更重要的是培养它所需要的营销、用户调研、内容生产、用户增长、数据分析、设计、音视频剪辑、网感、抗压力等九个方面的能力，这是新媒体运营从业者尤其是新媒体小白应该具备的能力，要注重在实践中去培养和锻炼。基于此，本书从了解新媒体运营入手，进而阐释了新媒体运营的必备能力，设置了内容生产、渠道运营、引流推广、数据监测、社群运营、活动策划等几大板块，并对其中的一些重点内容进行了全方位的解读，同时还介绍了一些应该了解和掌握的数据分析工具及软件。

在本书中，既有理论性的阐发，又有注重实操性的方式方法，可直接用于指导工作。此外，书中还有大量的案例展示，特别是专设一章来呈现新媒体运营高手的做法，为读者提供了可供学习借鉴的范本、范式。所有这些，都将帮助读者朋友从理论学习到实操方法悉数掌握。而相关工具的使用，也将对实际工作起到很好的辅助作用。

本书适合新媒体爱好者及从业新人学习阅读，是做新媒体运营必不可少的一本书籍。如果读者朋友能够认真阅读本书并将书中的方法用于实践，相信一定可以大有收获，最终成长为一名合格的新媒体运营人！

目录
CONTENTS

第一章
初进大门：认识新媒体运营

1. 新媒体运营 = 新媒体 + 运营 / 2
2. 玩转新媒体营销，需要洞察趋势和理解关键词 / 5
3. 新媒体运营"四件套"：内容、用户、数据、转化 /8

第二章
小白必看：新媒体运营必备的九大能力

1. 营销能力：把握内容核心，培养营销能力 / 14
2. 用户调研能力：遵循调研步骤，避开调研误区 / 17
3. 内容生产能力：学习 + 实践 + 素材积累 + 原创内容 /21
4. 用户增长能力：培养用户增长思维，掌握用户增长方法 / 24
5. 数据分析能力：加强理论学习，注重实践操作 / 27
6. 设计能力：掌握图片处理技能，提高设计审美能力 / 30
7. 音视频剪辑能力：学习制作音频和视频 / 32
8. 网感能力：关注和分析时事热点，了解网络用语流行的本质 / 34

9. 抗压能力：培养多种能力，才能减轻压力 / 36

第三章
内容生产：向用户和粉丝提供优质内容

1. 选题规划：根据读者的身份和需求确定主题 / 40
2. 内容规划：规划内容的定位、形式和风格 / 42
3. 内容创作：围绕既定主题，确定写作内容 / 44
4. 推广传播：自己做推广，用户做传播 / 46
5. 调整优化：根据反馈，调整优化内容 / 48

第四章
渠道运营：玩转各大渠道，让内容产生更大的价值

1. 主流新媒体渠道的基础运营方法 / 52
2. 新媒体运营推广渠道的选择 / 58
3. 八大新媒体平台的吸粉玩法 / 61
4. 从动漫《啥是佩奇》看新媒体渠道运营 / 64

第五章
引流推广：引流量进来，推产品出去

1. 小红书引流：内容 + 运营 + 变现 / 68
2. 百家号引流：分析用户群体，发布针对性文章 / 72
3. 知乎引流：找准领域和用户，做出优质回答 / 75
4. 抖音引流：新媒体营销中最实用的视频引流方式 / 77
5. 流量推广：用好官方运营阵地 / 81

6. 社交媒体推广：人群喜好是关键 / 83

7. 付费广告推广：要注重投资回报率 / 85

8. 推广策划案撰写：定位用户、确定策略、选择载体、安排执行 / 88

第六章
数据监测：通过数据分析，定方向、降成本、节开支

1. 用数据分析玩转新媒体运营 / 92

2. 数据分析基本步骤与数据加工处理 / 96

3. 新媒体小白必知的公众号数据分析实用技巧 / 100

4. 用数据分析搞定微信公众号的定位和内容规划 / 106

5. 新媒体运营必备的数据分析工具 / 109

第七章
社群运营：保证品质，才能让群员可信

1. 做社群运营，先了解优质社群的特征和要素 / 116

2. 搭建社群运营体系：确定顶层架构，执行有章可循 / 120

3. 社群运营策略：认知、输出、交互、裂变、转化 / 125

4. 运营管理之道：有威信、用感情、勤互动、做引导、定角色 / 130

5. 社群营销方法：不卖货的营销是没有价值的 / 133

6. 活动拉新的步骤及拉新形式 / 138

第八章
活动策划：策划一场刷爆网络的新媒体活动

1. 新媒体活动的目的与活动流程 / 142

2. 新媒体运营线上、线下活动执行策划方案 / 147
3. 活动结束后的效果评估与复盘总结 / 152
4. 新媒体活动策划流程中能够用到的工具 / 155

第九章
对标补差：看看新媒体运营高手的做法

1. 《囧妈》电影：疫情"黑天鹅"事件下的免费播 / 164
2. 支付宝："中国锦鲤"大奖打造的病毒式传播 / 167
3. 苹果：《三分钟》微电影以情感内容传达品牌价值理念 / 176
4. 舒客：用不一样的方式做新媒体跨界营销 / 179
5. 索菲亚：以小程序矩阵打造完整的变现闭环 / 182
6. 半亩花田：在各大新媒体平台深耕内容电商 / 185

后 记 / 188

参考文献 / 190

第一章
初进大门：
认识新媒体运营

　　如果你是新手初进大门，对新媒体运营很感兴趣，那么认识新媒体是很好的开端。新媒体是以数字信息技术为基础，以文字、语音、图片、视频为主要媒介，以互动传播为特征的传播形态。而新媒体运营，就是通过微信、微博、抖音等媒体平台，发布内容，获取流量，引导用户使用自己的产品或服务，即通过拉新、促活、留存、推荐、收益的方式，帮助用户实现自己的目标并向更多的人推荐。

1. 新媒体运营=新媒体+运营

在新媒体盛行的当下,很多人并不懂到底什么是新媒体,也不知道什么是新媒体运营。如果从字面上拆分,新媒体运营分为两个部分,一部分是新媒体,另一部分是运营,因此我们可以将新媒体运营理解为:新媒体+运营。

(1)新媒体及其传播特点

新媒体指的是新兴的媒体渠道,如知乎、微博、微信、头条号等,新媒体就是这些渠道的统称。新媒体的"新"是相对于报刊、电视、广播等传统媒体而言的,是基于移动互联网、面向用户提供信息和娱乐的媒体传播形态。

新媒体更多地表现为自媒体,因此可以随时随地与用户沟通、互动、发布内容等。下面我们通过新媒体与传统媒体的比较,来看看新媒体所具有的传播特点,如表1–1所示。

表1-1　与传统媒体比较新媒体具有的传播特点

特　点	含　义
双向性	传统媒体的信息传播方式是静态的，这种通信方式具有单向性、线性和非选择性的特点，因而使得信息流弱，通信效果差。而新媒体的传播模式是双向的，每个受众既是信息的接收者，又是信息的传播者，这种传播的互动性强，效果明显
移动性	随着无线移动通信技术的发展，新媒体具有移动性的特点。通过移动互联网技术，用户可以通过终端来浏览网页、观看电视等，不再限于传统的固定的场所
个性化	微博、微信、博客、播客等新的传播方式，使每个人都成为信息的发布者，发表自己的意见，传播自己关心的信息。传播时的交流内容和交流形式完全是"我的地盘我做主"。这种个性化传播行为，既可以让个体有能力发布信息，也可以提高他人的愉悦感
实时性	与传统的交流方式相比，新媒体借助于互联网技术，让信息传播变得更加迅速，可以实时接收信息并实时做出相应反馈
多元化	传统媒体向新媒体的最大转变在于传播内容的多样化和整合。传统的纸质媒体以平面方式显示文字信息和图片信息。现在，文字、图片、语音等形式的信息可以借助新媒体实现同时传输，从而提高信息的数量和广度
便捷性	过去，企业宣传只是录制宣传视频或拍摄照片，上传到官方网站，这种方式在一定程度上影响了企业尤其是中小企业的发展。现在，借助新媒体平台，中小企业也可以简单便捷地实现公司自我宣传的目的

（2）新媒体运营内容与方式

新媒体的运营过程，就是利用新媒体与用户沟通的过程，比如回复留言、与粉丝互动等，旨在建立一个良好的形象并完成相应的工作，从而达到预期目的。

现实中新媒体运作的例子很多，其中很多医药企业的新媒体营销手段越来越多样化，有的甚至形成了多元化的数字营销体系。例如，通过对药品和医疗咨询信息的准确响应，引导消费者做出正确的选择；通过网络口碑宣传加深记忆的方式，形成用户对专家、药品品牌、医疗机构的信任；

通过品牌产品形象的全面维护，实时控制全网舆情，全面净化网络环境，从而有效维护专家和医疗机构的声誉，提高品牌形象等。

事实上，新媒体运营的工作内容繁多，包括推广、营销、内容、文案、数据分析、反馈优化等等。因此，要做新媒体运营，就要具备在各个层次上理解问题的意识和解决问题的能力。

一般来说，新媒体运营主要是围绕热点、卖点、痛点这三点来展开。如何理解这三点呢？追热点，就要与时俱进。传播出去的内容没有显现出卖点，等于白传播，文章也就白写了，用户看几秒就想走。因此，要针对自己即将推出的产品，抓到用户的痛点，挖到用户的需求，这样才能提高转化率。所以，我们应该锻炼这种思维和头脑，看到新兴的热点，能够立即与产品联系起来。当没有热点的时候，就要看看竞争对手、自己关注的新媒体号分别都做了什么样的推送。你能从你读过的文章中找到一些灵感，并写出自己的原创文章吗？如果实在没有原创的灵感，也可以根据所有能找到的文章，写一篇摘要或总结，这也是一个很好的输出。好的创作思维需要随着时间的推移而积累。

其实，新媒体运营更像是一种做事的方法或手段。如果你是小白，想往新媒体运营方面发展深耕下去，那么你就要用正确的思维和方法进行操作，以期达成既定目标。这方面的详细内容将在本书的后续章节中逐步展开，这里要先形成一个"新媒体运营"的概念，知道它是怎么一回事。

第一章 初进大门：认识新媒体运营

2. 玩转新媒体营销，需要洞察趋势和理解关键词

在新媒体时代，用户越来越任性，口味越来越多样化。只有洞察新媒体时代的传播逻辑，以及用户的认知模式、内容偏好的变化和趋势，并真正理解内容、渠道和人际关系方面的关键词，才能有圈粉的可能，从而做出自带传播力的营销。

（1）洞察新媒体营销三大趋势

新媒体时代是一个"人人自带渠道"的时代，每个人都有自己的社交账号，每个人都能辐射一群人。在这种大环境下做新媒体营销，更应该掌握用户三大趋势（见表1-2），因为只有这样才能因地制宜地创造出更好的内容，从而产生更多的流量。

表1-2 新媒体营销的用户三大趋势

趋 势	表 现
喜欢"干货"内容	如果说传统媒体时代的人脑的认知模式是"线性"的，那么新媒体时代的用户的认知就是"非线性"的。例如，用户在网上阅读一篇千字的文章时，常常会通过文章中的超链接跳转到其他文章，或者被弹出的广告分散注意力。因此，那些亲民又有趣的"干货"内容才更有可能受到用户的喜爱，并通过用户交流获得可观的流量

续表

趋 势	表 现
人人都是"戏精"	在新媒体时代,由于每个人都有自己的传播渠道,信息呈现出复杂的"多向"传播模式。在这样的媒体环境下,用户的自我表现欲望越来越强烈,人人都是"戏精"。用户需要的不是"指导"而是"表达",因此营销人员应该考虑的不仅仅是创意和内容,还应该考虑如何为用户的内心表演提供一个舞台
更擅长遗忘	用户在使用网络的过程中,面对信息过载带来的认知负荷,他们一般不会试图记住自己认为重要的信息,而是倾向于屏蔽和遗忘自己认为不重要的信息

(2)理解新媒体营销的四个关键词

新媒体时代下,由于用户的心理需求和认知模式发生了很大变化,因此只有理解四个关键词(见表1-3),才更有圈粉的可能。

表1-3 新媒体营销的四个关键词

关键词	释 义
场 景	场景是产品逻辑,即产品只能在关联性强的场景中销售。为了在场景之间建立一种强有力的联系,我们必须使体验的"刺激因素"与品牌紧密相关。例如,王老吉与火锅的关联性很强;红牛与长途驾驶的关联性也很强。强烈关联的场景不仅能让用户记住热闹本身,还能在热闹之后清晰地感知品牌的存在
IP	IP是品牌逻辑。IP化的产品有两个特点,一是放弃成本;二是不求所有人叫好,但一定要有人把它作为首选。所谓"放弃成本",就是在不考虑成本的情况下,稳定地开发产品,然后再考虑如何降低成本。例如,巴奴火锅做一个产品,用了9个月的时间;江小白认为,产品质量要提高20%,就要敢于花200%的钱。所谓"首选",就是通过沟通获得用户的信任,建立品牌吸引力和忠诚度,把用户变成"精神股东",这样用户才会首选该品牌

续表

关键词	释义
社群	社群是用户关系逻辑。事实上，社交网站上的用户很大一部分是KOL（关键意见领袖，也就是群主、博主等）和粉丝，他们是消费者、信息生产者，也是商业逻辑的传播者。社群实现了"人以群分"，通过社群向特定的人群、特定的区域传播，正是社群的价值所在。例如，星巴克制作一杯粉紫色的或一瓶透明的咖啡，给那些喜欢分享日常生活的人带来了惊喜，从而取得了刷爆社交网络的效果
传播	传播是营销的逻辑，强调所有的接触点都是传播点。这意味着无论是线下还是线上，所有的营销人员都是代言人和销售人员。在任何地方，营销人员都是媒介。品牌不仅要建立渠道网络，还要建立传播网络。营销人员不仅要让产品无处不在，更要让沟通无处不在，最终使品牌真正做到无所不在

3. 新媒体运营"四件套":内容、用户、数据、转化

对新媒体运营人员来说,每天都应该考虑四件事:内容、用户、数据、转化。也就是说,要以内容为中心,以用户为整体,以数据为价值,最终实现交易和转化。

(1)内容:与用户建立关系的媒介

新媒体运营的关键是内容,"内容为王"是绝对的真理!内容包括图片、视频、文字、音频等等,我们要想跟用户发生接触和关系,这些内容就是重要的媒介。

优质内容的产生需要采集和创造两个步骤。采集内容是新媒体运营的第一步。采集的方法是:挖掘用户需求和兴趣点;关注、分析时事热点;关注同行;不断学习,分享行业"干货"。

创造内容主要体现在对采集内容的提炼上。要站在用户的角度生产内容,还应该结合自身行业的推广工作及活动内容。具体来说,要遵循"四结合"原则,如表1-4所示。

表1-4 创造内容需要遵循的"四结合"原则

原则	实操要点
结合产品本身	以杯子为例,它是圆的还是方的,是什么颜色和材质的,等等,这些都必须与杯子本身结合起来,然后才是包装
结合产品周边	还以杯子为例,其可以扩展的相关元素很多,如杯盖、底座、咖啡、勺子、茶壶等,然后根据这些元素生成一定的内容
结合时事热点	还以杯子为例,比如,哪个明星用什么杯子,杯子上可以做什么图案,或者结合一些情节,等等
结合用户需求	提供给用户的内容必须与产品和服务相关,并且是我们擅长的。如用户喜欢看视频,就需要结合用户的需求和我们的输出能力提供内容

(2) 用户:拉新、促活、留存、转化

新媒体运营,用户是核心,因此要做好用户运营工作。用户运营主要是做用户分析和管理工作,通过与用户互动、给用户贴标签等手段进行精准化管理和推送,以实现提升活跃用户数的终极目标。

用户运营工作主要围绕四个方面展开:拉新、促活、留存、转化。如表1-5所示。

表1-5 用户运营工作的四个方面

事项	实操要点
拉新	通过微博、微信、论坛、社群、线下等渠道进行推广,邀请新用户注册或试用,其目的是提升用户总体数量
促活	通过友好的新用户教程、创意的用户活动等方式,让用户每天多次打开软件或进入自媒体账号,其目的是提升用户活跃度
留存	通过后台分析用户数据,以策划活动、增加功能或发放福利等形式留住用户,其目的是提升用户留存率
转化	拥有一定活跃用户后,尝试通过下载付费、会员充值等方式获取收入,目的是提升转化率

（3）数据：通过数据反馈分析来解决问题

新媒体运营是要根据数据反馈去做事的。通过数据反馈，不仅能发现问题，还能判断市场发展趋势，推动创新或解决方案出现，从而展开有效行动。具体来说，新媒体运营中数据反馈分析的作用与实操要点主要表现在以下几个方面，如表1-6所示。

表1-6　新媒体运营中数据反馈分析的作用与实操要点

作用	实操要点
反映运营质量	运营要用数据说话。新媒体数据主要是网站流量数据、微信公众号粉丝数据、微博阅读量数据、今日头条内容数据，以及点赞、评论、转发等数据。运营是否有价值，都反映在数据中
预测运营方向	可用于判断运营方向的常用数据有百度指数、微信指数、头条指数等等。运营者要利用互联网查看相关大数据，以便分析和判断新媒体的内容、活动、推广，并结合相应的网络热点进行内容创作
控制运营成本	做新媒体营销，要控制运营成本，特别是广告成本，要利用数据来分析何时何地投放何种广告。投放广告必须准确，否则很可能造成浪费
评估营销计划	每一个营销计划都是在以往经验的基础上总结出来的，数据是变化的，所以经验可以参考，但不能完全照搬，要重新评估营销计划。常用的参考数据包括目标达成率、最终销售量、过程异常数据和错误率等

（4）转化：掌握实操技巧，提高内容转化率

转化是指一部分付费用户在内容发布后的成功转型。你有多少用户并不重要，重要的是有多少用户付费。为了提高内容的转化率，需要掌握实际操作的技巧，如表1-7所示。

表1-7　提高用户内容转化率的实操技巧

技巧	实操要点
打造标题	标题是读者第一次看到的地方。为了吸引读者，你可以替换某一个具体字词。比如写标题时可以将"爆款"改成"引人入胜""绝妙""10W+""能涨粉的"等等。也可以改变句子的结构或字词顺序，比如在前半句添加一个"持续"，后半句添加一个"的秘诀"，或者将这两句话颠倒为"公众号快速涨粉的秘诀"

第一章 初进大门：认识新媒体运营

续表

技 巧	实操要点
善用图片	图片的阅读优于文字阅读。图片能产生强烈的视觉冲击，或许它并不是那么出众，但在同质化严重的今天，有趣的图片确实显得非常抢眼
语言简明	尽量减少复杂的话、行话，简单的词语、句子、段落是最有效的
引用"砖家"	人们一般都比较相信权威人物的判断，所以会采纳他们的建议。可以通过引用权威人物语言的方式，引导用户买单
使用术语	在一些情况下，让术语表达出读者的想法，可以有效发挥术语的作用。例如，经常使用"CTA""CRM""KPI"等，不仅可以将其作为一种速记，也可以用来证明读者了解营销

第二章
小白必看：
新媒体运营必备的九大能力

许多刚入行的小白认为新媒体运营门槛很低，其实绝非如此。这个看似门槛很低的新媒体运营工作需要多种技能的支持，具体包括营销能力、用户调研能力、内容生产能力、用户增长能力、数据分析能力、设计能力、音视频剪辑能力、网感能力、抗压能力等九大能力。如果不具备这些，就无法做好新媒体运营。因此，刚入行新媒体运营的小白一定要加强这九个方面能力的培养。

1. 营销能力：把握内容核心，培养营销能力

新媒体运营所需要的营销能力，是指获得准确的潜在用户并提高转化率的能力。如果没有营销能力，那么产品就无人问津，更遑论后续的运营了。

（1）新媒体时代下营销的核心：内容

新媒体营销创意是无形的，所以很多东西在营销过程中是看不见的，唯一能看到的就是推送出去的内容。用户只能看到内容。因此，内容在新媒体营销中显得尤为重要。

在新媒体时代，人们崇尚个人自由，只有对内容进行独特的创新，才能引起人们的关注。内容不是拿来主义的照搬，而是内容生产者在对行业理解基础上进行加工整合。为此，内容产生者不仅要对新闻敏感，能够策划内容，还要具备资源整合和文本规范的能力。除了将内容本身的独创性和创新性有效展示给用户之外，高质量的营销内容和良好的用户体验也极为重要。只有抓住这两点，才能有效地与用户沟通，为用户提供最有价值的内容，进而达到营销的最终目的。

（2）从六个方面培养新媒体时代的营销能力

新媒体运营的发展速度非常快，从业者尤其是小白不仅要把握时代的潮流，更要在激烈的竞争环境中脱颖而出。因此，必须全面培养新媒体时代的营销能力。具体来说，培养新媒体时代的营销能力要把握好六个方面，如表2-1所示。

表2-1 从六个方面培养新媒体时代的营销能力

事 项	实践指南	相关案例
倾听消费者心声	营销策略应以消费者需求为导向，这就需要营销人员与消费者保持良好的互动，倾听消费者心声，找到心的共鸣，并依据数据分析结果随时调整整体营销策略	国外某化妆品品牌采取以消费者需求为导向的营销策略，成功进军中国市场，并创造了连续五年双位数成长、名列亚洲市场顶级化妆品前三名的成绩。由此可见，若在营销策略上能贴近消费者，你的投资将会获得最大回报
跨界整合	在"创意经济"时代，面对战场无国界的状况，将创意变为一门好生意，关键在于营销人员具备跨界整合能力，成为能够快速吸取新知、学习新技能，并将不同领域的知识、技能融合起来的跨界通才	优衣库与美国嘻哈艺术家KAWS的联名T恤网上出售时，瞬间被售空。在线下实体店，消费者为了早点买到联名款，许多人彻夜排队，甚至出现哄抢的情况。充分展示了跨界营销的魅力
靠内容做营销	在扩散社群的同时也是在"经营内容"，在靠着各种形式的内容来吸引社群聚集的过程中，重点是内容营销，不是营销内容。内容营销就是靠内容做营销，因此，打造优质内容才能制胜营销	熊本熊可爱又呆萌的外表，再加上团队赋予它身上的独特个性和"熊格"，使消费者感受到了"熊本熊的真实存在感"。熊本熊的"内容"赋予了人们遐想空间，激发了网友的表情包创作热情
用户体验设计	用户体验设计应该从用户角度出发，打造贴近用户需求的使用界面，从而促使消费者快速做出购买决定。好的用户体验设计能精准触及目标，创造更大的营销收益	iPhone手机的开机细节很有意思。不同颜色的iPhone手机的开机背景色不一样，比如白色的手机的开机界面是白色背景黑色Logo，而黑色的手机的开机界面是黑色背景白色Logo。这样做让屏幕和手机看起来整体感更强

续表

事 项	实践指南	相关案例
数据驱动	新媒体营销的一大特点就是每一步都要留下数据。当我们有足够的数据时,我们就不再依靠主观判断,而是让数据帮助我们做决策	丽芙家居利用谷歌DoubleClick、百度BE等进行媒体投放,加强对老用户的价值挖掘并同步注重新用户的比例。从效果上看,官网访问人数和质量明显提高,新用户投资回报率超过1∶2,再营销投资回报率达到1∶12
持续学习	新媒体时代,每一个营销人员都应该持续学习,从消费者的需求、喜好与关注点出发,运用自己最擅长的专业内容。唯有持续学习,才能制作出好内容	有一位营销人员跑到同事面前哭诉市场如何的不好,用户如何的不好管理,还说自己会的业务用户也会,自己不会的用户还会。其实,这就是典型的不学习的类型

第二章 小白必看：新媒体运营必备的九大能力

2. 用户调研能力：遵循调研步骤，避开调研误区

新媒体运营所需要的用户调研能力，是指通过了解用户需求，搞懂用户的痛点究竟在哪里，然后制订有针对性的解决方案。

（1）用户画像不清晰的弊端——用户调研的必要性

做新媒体运营需要定期或不定期进行用户画像分析，这样才能运营好一个新媒体账号。如果用户画像不清晰，那么在内容、运营、营销的过程中甚至是商业模式上就会产生很多问题。这也反映了用户调研能力的重要性，如表2-2所示。

表2-2 用户画像不清晰带来的弊端

弊端	原因分析
优质用户流失	我们所服务的用户，是那些愿意为我们的高质量服务付费的用户而非免费用户。用户对于需要支付的内容都有高标准的调性和质量要求，他们希望我们提供的内容能帮助他们发出声音，解决困难。如果用户的画像不清晰，很容易导致出现没用的内容，进而影响高质量用户的需求
阅读量不稳定	内容阅读量的高或低取决于文章打开率的高或低。除了客观的技术标题是否吸引人、头像是否有信息量、是否符合用户审美、摘要是否准确、推送时间是否确定等因素外，最重要的则是话题选择是否准确。如果用户画像不够清晰，我们就无法明确用户的偏好，话题也就不够准确，这将影响用户对内容的阅读体验和需求

（2）用户调研主要步骤

用户调研是在真实的沟通场景中进行的，因此需要了解用户调研的全过程。其实，切实把握用户调研流程及其具体步骤，也是新媒体运营小白提高用户调研能力的有效途径。

用户调研步骤：明确目的→选择用户→制订计划→实施调研→分析结果→落地应用，如表2-3所示。

表2-3　用户调研六步骤

步　骤	实施指导
明确目的	通过对目标用户的了解和分析，确定产品存在的问题或确定产品的方向，从而保证更准确的产品设计，验证产品功能是否满足用户的需求。许多新人往往忽视了用户调研的目的。在做调研之前，要确保自己清楚调研目的，并且计划好你想要达到这个目的应该获得的信息。只有目的明确，才能有的放矢
选择用户	目的明确后，接下来需要选择用户。为保证调研的准确性和全面性，选择调研的对象应该是我们的目标用户，在其中挑出能够回答你想了解的那些问题的典型用户。假如对海量的普通用户都问一遍那些问题，反而得不出清晰明了的信息。比如，从KOL那里找到你的首批访谈用户名单；在论坛、专题报道、知乎问答等目标用户聚集的地方引流；在直接竞争者的目标用户中找到你的用户等。无论通过什么方式找到典型用户，都需要获取到他们的邮箱、微信或者电话等联系方式，以便后续调研
制订计划	制订计划包括：用户画像，即他们是谁；真实需求，即他们遇到了什么问题；竞品调研，即他们现在是如何解决这些问题的；竞品评价，即他们对现有解决方式的评价；产品评价，即他们对你的解决方式的评价
实施调研	实施调研需要采取正确的调研方法。用户调研的方法有很多，其中问卷调查、电话调研和用户访谈是比较有效的常用方法。可以根据目标的重要程度、遇到问题的复杂程度来选择使用。以用户访谈为例，第一步是和用户聊一些生活方面的话题；第二步是让用户自行完成几个明确的任务，从中发现问题；第三步是针对关键节点，用聚焦且开放的问题引导用户说出自己的想法；第四步是让用户表达自己的想法，比如觉得有什么方法能比现好

第二章 小白必看：新媒体运营必备的九大能力

续表

步 骤	实施指导
实施调研	解决这个问题、怎么做会提升体验；第五步是演示新的解决方案给用户看，并了解用户的感受和关注点。这些步骤的核心思想是针对问题让用户说出详细的想法，因此不要带有主观倾向去问问题，要尽可能记录用户的主观信息，也不要过早透露产品信息
分析结果	分析发现调研中的关键问题，然后得出结论。结论一般有：调研对象的选择是否准确，如果不准确需要重新选择调研对象，然后再次调研；调研的结果与预期是否有差异，如果有差异要根据调研数据进行调整；产品的新功能是否满足用户的需求，如果不满足需要重新设计；判断用户在什么场景下想要一个什么样的产品功能，以及用户想解决什么问题；用户对产品的建议和看法；等等。得出这些结论后，重新回顾下调研情况，看看是否达到本次调研的目的，得出的结论是否可靠，是否有新的点子或不一样的地方等
落地应用	落地应用过程中，要看看产品是否能够满足用户需求。要根据调研的最初目的去设计或优化产品功能

（3）避开用户调研的误区

目前的用户调研普遍存在一些误区，比如，指望从用户调研中获得用户需求，带着主观感受去调研，忽视数据对用户调研的作用，为了调研而调研，过于依赖问卷，调研用户行为非用户心理等。概括起来，用户调研主要有以下三大误区，如表2-4所示。

表2-4 用户调研三大误区

误 区	原因分析	正确的方法
通过问答创建用户画像	许多人认为，从每种类型的用户中提取典型特征，就可以形成用户画像。这在理论上是对的，但在实际操作过程中，由于迫切想研究用户，就无法对用户进行分类和贴标签，因此获得的用户特征是不准确的。事先调研重在关注用户的所有问题，而不是用"抽样"的方式来给用户画像	创建用户画像的正确方法是提前进行研究。以社交阅读产品为例，通过用户账号，可以了解到用户的加入时间、活动水平、兴趣点、书单及购买情况、社交网络等。还可以通过用户的微博和博客等了解更多用户的信息和兴趣

19

续表

误 区	原因分析	正确的方法
调查用户行为而非心理	在调研中,调研者频频统计有关调查用户行为的问题,并得出时间、频率等方面的很多数据。其实用户只关注使用体验,对统计数据不敏感	用户调研要注重挖掘用户"背后的逻辑",即通过量化的数据洞察用户心理,包括用户在做出行为之前的一系列目的、动机、需求、感受、体验等。比如,用户是何时知道产品、是否想得到产品?用户如何向他人描述产品功能?用户感知到的产品和竞品有什么明显的区别?等等
混淆个性与共性	一个用户的特征和想法是个例,是个性化的,不能代表全体用户。其实,个性的需求是多种多样的,只能尽量满足大部分用户的需求,而做不到让每个人都满意	共性寓于个性之中,用户调研正是一门挖掘个性中的共性的艺术。只有分辨用户的个性与共性,才能避免调研结果是一家之言,也能发掘用户的共同特征与普遍现象,从而作为产品决策的有力依据

3. 内容生产能力：学习+实践+素材积累+原创内容

新媒体运营所需要的内容生产能力，是指使用高质量的内容来吸引用户并赢得用户信任。那么，做新媒体运营的小白，究竟该如何提高内容生产能力？

（1）学习"大神"，学习书籍

无论对小白还是有经验的写手来说，"大神"写的干货文都具有"范文"意义，通过阅读"大神"写的干货文，可以掌握一些小技巧。

同时也可以阅读一些与写作相关的书籍掌握各种文体的写作方法。这种与写作相关的书籍有很多，例如，《文案圣经：如何写出有销售力的文案》一书的作者把广告文案背后的东西像剥洋葱一般一层一层地剥开，呈现在读者面前，有助于解决广告文案领域的绝大多数疑惑。《写作这回事——创作生涯回忆录》一书的作者认为，写作是人与人、人与物之间心灵感应最纯粹的方式，他说作家要想有好的创作、好的作品，就必须像匠人一样，拥有自己的工具箱，包括词汇、语法、风格等，并强调作家一定要多读、多写。

(2) 勤于实践，练习写作

勤于实践就是不停地写，通过写作实践，可以学会运用一些方法和技巧。比如，可以每写完一篇文章就发到简书这个平台，达到一定的打赏数量之后可以提现，让写作更加有成就感。

学习写作练习的是什么？练习的是在写作文章时的排版、设计、内容、情感等方面如何把握，从结构到内容的布局、格式，到最后的情感升华，是一篇文章之所以能够优秀的精髓所在。如果最后成形的文章呈现在别人面前时，获得了别人的赞叹并使他们有兴趣继续往下读，这就是写作能力提升了。

(3) 勤于积累素材，关注用户素材

内容材料实际上来自各种各样的地方。无论是刷微博、听歌曲、看电视剧、看报纸还是看杂志，都能自觉或不自觉地找到可用的资料。找到材料后，应该记录下来，以便日后使用。

在各种素材之中，用户素材是非常重要的！之所以强调从用户那里找素材，是因为要赢得用户。其实这个道理很简单：抓住用户的心理。为此，我们需要积极主动地联系用户，撰写用户的故事，并在主页上展示出来，最后通过用户自己传播出去，这样我们就可以轻松实现大量优质用户带来的粉丝增长。

(4) 注重原创的、优质的内容

生产内容的时候，一定要在正确的价值观导向下，去做原创的、优质的内容，原创之后你才能形成自己的风格。有风格才能带有自己鲜明的标签，有风格才能做好新媒体运营。

对于任何人和机构来说，创作原创内容都是至关重要，却又是极其富有难度的工作。一个人不可能永远不停地输出原创内容，所以我们就需要利用一些方法和技巧。比如关键词重新组合，可以在已经积累的多个关键词中选择与自己领域相关的关键词，然后将它们重新组合起来，以便不断产生新的想法和主题。再如拍自己，因为自己是人群中"唯一的"，想做视频内容不妨拍自己，这个视频就一定是原创视频。当然，无论是关键词重新组合还是拍自己，都要注意质量问题。

关于优质内容，首先要明确自己的内容方向；其次要把握主旨、标题、正文、结尾、排版等要素；最后要尽可能多地在新媒体平台上展示自己的内容，注意从用户角度去修改内容，并多读书，多去积累知识。

4. 用户增长能力：培养用户增长思维，掌握用户增长方法

新媒体运营所需要的用户增长能力，是指拉流量的能力。作为新媒体运营小白，要培养用户增长能力，需要具备用户增长思维，掌握用户增长的方法。

（1）用户增长需要用户思维、本质思维、价值思维和系统思维

很多致力于用户增长的人在实践过程中都会遇到问题，出现问题的原因是他们头脑中的知识和经验是点状的、零散的、凌乱的。要想在用户增长方面做得好，就必须有一定的思路。事实上，在整个用户增长过程中，有四种重要的思维方式，即用户思维、本质思维、价值思维和系统思维，如表2-5所示。

表2-5 用户增长需要的四种思维方式与相关案例

思维方式	解析	相关案例
用户思维	用户思维强调一切以用户为核心，站在用户的角度去思考问题，思考如何促进用户增长。腾讯产品做得好，根本原因是腾讯非常重视用户体验	腾讯的经营理念是"一切以用户价值为依归"。腾讯有一条著名的"10/100/1000规则"：产品经理每月必须做10次用户调查，关注100个用户博客，收集1000个用户体验的反馈。这是腾讯重视用户、立足用户思考问题的反映

续表

思维方式	解析	相关案例
本质思维	本质思维认为，发现事物的本质才能驱动增长。要善于发现用户表象背后的真实问题，洞察他们隐藏起来的真实痛点，从而实现用户增长。比如当用户说他需要一个梯子时，他真实的目的可能只是想到楼上。这才是本质思维的思考方式。一个优秀的用户增长从业人员所要做的是找出用户最重要的目的或目标	福特公司的创始人亨利·福特曾说过："在没有汽车之前，用户不会告诉你他想要的是汽车，只会说他要一辆更快的马车。"如果福特仅仅停留在用户语言表达的表面意思上，而不去探索问题的本质，那么他可能造的只是一辆马车，永远也造不出汽车
价值思维	价值思维是一种"贡献思维"，强调通过做出贡献来实现用户价值和商业价值的统一。也就是说，通过发现痛点、解决痛点、满足需求，最终让用户和企业都有价值	中国综合格斗运动员张伟丽在成功卫冕UFC冠军后接受采访时说："这场比赛对我来说意义非凡。我想用这场胜利来给大家鼓气，来给战斗在一线的这些医护人员，还有这些警察，给他们鼓气。因为我也战胜了很多挫折和困难，如果我可以拿下比赛，我相信我可以鼓励很多人。"张伟丽的贡献思维反映了用户价值和商业价值的高度统一
系统思维	系统思维强调用系统化思维去思考用户增长，即从整体性、立体性和动态性三个层面进行系统化思考。整体性即看到全局而非局部，立体性即看到立体而非线条，动态性即看到变化而非静止	庖丁解牛之所以"神乎其技"，是因为庖丁将牛作为一个系统去看待，掌握了牛的肌理以及相互之间的联系。我们要想达到庖丁解牛的水平，需要从事物的整体性、立体性和动态性三个层面进行系统化思考

（2）关注拉新、促活，及SEO（搜索引擎优化）引流

用户增长的方式随着用户所处阶段的变化而变化，其中拉新和促活是两个非常重要的阶段。拉新阶段的用户增长方式，一是SEM，即百度付费广告位；二是软文投放，即与大流量公众号合作，投放广告；三是直接广

告,比如在大平台上做广告;四是SEO,即优化网站关键词。促活阶段的用户增长方式,一是行动号召,即在广告、文章等载体中间添加一个巨大而醒目的按钮,引导用户做出一定的行动;二是A/B测试,将用户分为对照组和实验组,两组使用不同的宣传方案,一段时间后,检查哪个组的宣传效果更好。

SEO引流方法有五种:一是外链引流。在高权重、大流量的网站上以外链的形式发布软文。二是自媒体引流。运营今日头条、微信公众号、企鹅号、搜狐公众号等自媒体,注意在文章末尾添加网址。三是问答类引流。利用百度知道、知乎问答、天涯问答、360问答等大型问答平台,加入链接或网站名称,确保用户可以搜索得到。四是文库类引流。在百度文库、360文库、豆丁文库等平台上传文档,添加链接和网站名称。五是论坛引流。在各大贴吧、论坛发布软文帖子,用热门话题吸引点击,附加网址。要想使用这些方法,我们需要先定义关键词,然后在平台上发布文章,待被百度收录后,努力提高阅读量和好评率,将网站冲上主页。

5. 数据分析能力：加强理论学习，注重实践操作

新媒体运营所需要的数据分析能力，是指对每日阅读量、关注量等数据进行思考和分析，找出数据增减的原因，并根据数据制订新的计划。

数据分析能力虽是软实力，但却是行业的硬要求！培养数据分析能力，简单说就是"理论＋实践"，这需要一步步来，量变引起质变，多多实践才能做到触类旁通。

（1）理论学习：基础的数据分析知识和统计学知识必不可少

数据分析需要基本的理论知识，包括基础的数据分析知识和基础的统计学知识。这些知识可以帮助小白定义业务场景，确定分析目标，建立分析系统，整理核心指标。

学习基础的数据分析知识，至少应该知道如何做趋势分析，如何对数据进行细分和比较分析，否则拿到一份数据将无从下手。学习基础的统计学知识，至少应该认识"统计量"，了解统计量的定义和适用条件。统计学所提供的方法，可以使数据分析过程更加严谨，使数据分析的结论更加可信。除了这两方面的知识，其他方面的知识也非常重要，应该是多多益善，从而使分析过程更加严谨。

（2）实践操作：90%的数据分析能力都是靠实践培养的

掌握了基础的数据分析知识和基础的统计学知识之后，我们就要通过数据分析来进一步明确分析的目的，了解业务场景。具体来说，数据分析在实操层面包括以下几个方面的内容，如表2-6所示。

表2-6 数据分析实践操作指南

事 项	操作指南
明确目的	做数据分析前如果没有明确分析的最终目标，就很容易被数据绕进去，甚至连自己都不知道得出的结论到底是用来做什么的
理解业务	数据是从业务运营中来的，因此数据分析应当回归到业务中去。所以，培养业务理解能力，多熟悉了解业务，可以使数据看起来更加透彻，也更具有指导意义。业务理解能力的关键是能理解业务背后的商业思路，只有理解问题，才能转换成数据分析的问题，从而设定分析目标并进行分析
思考指标现状	熟悉产品框架，全面定义每个产品指标的运营现状；对比同行业指标，挖掘隐藏在行业中的提升空间；拆解新媒体运营关键指标，采取有效的方法来观察新媒体运营效果；对新媒体运营过程中的核心用户单独进行产品调研与需求挖掘。上述这些，都将有助于我们对指标现状的梳理
发现规律	发现规律不一定需要很高深的方法或复杂的统计公式，关键在于培养一种穿透事物表象的感觉和意识。比如针对用户，我们不能用自己的感觉去揣测他们的感觉，因为每个人都是不一样的，用户表现出很多数据元素，它们之间的关系并没有明显的显示，而通过数据可视化技术来呈现则是很好的方式，直观的数据呈现有助于发现数据背后的逻辑与规律
定义和获取数据	最初数据是我们定义和获取数据的起点。在定义和获取数据过程中，指标的统计逻辑和规则是必须熟记于心的，否则很容易掉入"数据陷阱"，被数据绕进去

第二章 小白必看：新媒体运营必备的九大能力

续表

事 项	操作指南
数据分析要常态化	不断地获取数据、分析数据是一个必经的过程，尤其是那些初入行的小白。一个工作经验丰富的非数据分析的运营人员之所以要比刚进来不久的数据分析师对数据的了解深入，就是因为前者经常看数据，经常分析数据
使用工具	要在实践中学习运用相关工具。数据分析需要的常规分析工具有常用办公软件如Excel、PPT、思维导图等，还有数据库、统计分析工具、数据挖掘工具等。在工具实践方面，建议入门小白从Excel工具入手。学习Excel是一个循序渐进的过程

6. 设计能力：
掌握图片处理技能，提高设计审美能力

新媒体运营所需要的设计能力，是指图片处理能力和设计审美能力。新媒体运营肯定少不了做图，公众号头像、文章配图都需要设计能力。与内容本身相比，内容呈现的方式对于用户的阅读体验来说也是十分重要的，所以一个好的新媒体运营者，也需要具备基本的设计能力。

（1）图片处理：掌握配图和排版思路及具体方法

在进行设计时，图片的处理是必不可少的一个步骤。不懂PS，不会CDR，不会抠图，不会做图片渲染，就无法做新媒体运营。将不同大小、色调和视角的图片分布在版面上，就会制造出画面的美感和节奏感，产生不同的视觉效果和画面气质。

新媒体运营需要处理的图片，包括微信封面图的获取与制作、信息长图的设计与拼接、icon图标的收集与制作、九宫图的创意与设计、GIF图片的获取及制作、二维码的生成与美化等。这些都需要掌握图片处理思路及具体的制作方法和技巧。

新媒体运营的图片处理与排版息息相关，一般多采用"图片+文字"的形式。这就需要掌握文字视觉传达、设计创意字体，以及微信排版、排

版插件等新媒体图文排版技能。

美观的文章的编排应遵循以下原则：对比、重复、亲密、适当留白。所谓对比，是指标题与正文之间、焦点与非焦点之间要有明显的对比；所谓重复，是指某一主题色彩反复用于装饰和强调；所谓亲密，是指相关内容彼此接近，无关内容的距离被加宽；所谓适当留白，是指字号减小，行距加宽，段落之间尽量空起一行，图片和文字也应该尽可能地空起来，以创造一种轻松呼吸的感觉。

小白们如果想练习自己的设计能力，可以多观察大的公众号，分析大的公众号的配图和排版，把自己喜欢的配图和排版保存在电脑里，以便排版时使用。

（2）审美能力：观摩优秀作品，提高审美能力

新媒体运营不仅要具备图片处理能力，还要有设计审美能力。在这方面，观察与模仿是设计人员必经之路。多多观察与模仿优秀作品，如花瓣、站酷等设计网站，等于站在巨人的肩膀上，经过一段时间的积累，你或许可以超越巨人。

在观察中，要努力感悟大师们在排版、构图、素材选用、表现手法、色彩等方面的思维和方法。在模仿中，要通过自己的作品练习设计。观察和模仿成功者，虽然不一定能够超越，但至少可以向成功者看齐。

另外，要多进设计圈子和同行交流，开阔自己的眼界和思维，正所谓"三人行必有我师"，总有一个人的方法和观点可以影响到你。总之，多看、多练、多交流，提高眼界，让自己的审美上一个台阶。

7. 音视频剪辑能力：学习制作音频和视频

新媒体运营所需要的音视频剪辑能力，是指运用各种音频、视频转码、截取、合并软件的方法和技能的操作能力。

新冠肺炎疫情过后，直播行业大范围崛起！此刻的你如果也想加入其中，那就赶紧学着做音频、视频。制作音频和视频，其实也是一个合格的新媒体人必备的能力。

（1）学做音频：文字稿＋音频时间＋背景音乐

学习制作音频，要在录制之前先把音频内容的文字稿写出来，否则录制节目就很困难，尤其是"口头作文"能力差的人。内容创作一定是质量优先的，如果内容质量不行，就算声音再好听，录制出来的节目观众也不会有听下去的欲望。

除了创作文字稿，音频的时间一定要控制好。一般来说，优质的音频时间是 5 分钟至 10 分钟，这个时间段的音频是最好的。因为多是用碎片化时间来听音频的，时间太长，别人也没时间去听。

另外，如果觉得自己的声音不好听，不妨在音频录制出来之后，后期加上背景音乐，最好用纯音乐，背景音乐的声音不要大过你自己的声音。这样制作出来的节目，听起来就比较高大上了。

（2）学做视频：基础知识＋图片应用＋拍摄技巧

学习制作视频，要了解视频格式，熟知网络视频的分类与应用，以及弄清标清、高清、超清、4K这些清晰度的区别与联系等。视频中图片素材的应用也是非常重要的，这其中包括各种平面素材的格式以及简单操作、网络图片素材的寻找以及使用方法等。后期剪辑软件的使用也是必不可少的，精通一款软件的操作是必需的。另外，特效软件、三维软件也是必须要掌握的。

除了这些，还要学习前期的视频拍摄技巧，要多从别人成功的案例里面汲取经验，多看他们的拍摄手法，如多机位、平移、虚实结合等。视频的声音也非常重要，包括现场音、后期特效音以及后期背景音乐，成功的视频是要求声画俱佳的。自学视频制作最重要的就是素材的条理性，在制作每一个视频之前，都要建立独立的文件夹，用到的所有素材要做视频、图片、特效、声音的分类，方便后期的修改与编辑。

8. 网感能力：关注和分析时事热点，了解网络用语流行的本质

新媒体运营所需要的网感能力，是指新媒体运营者对时事、热点的敏感性，以及对于网络语言及其流行的本质意义能够有透彻的理解。

（1）关注时事热点，从不同角度进行分析

关注时事热点，可以了解社会发展脉络，把握时代脉搏，弄清舆论走向，做到与时俱进，对新媒体运营有很大的指导作用。

关注时事热点，我们可以看微博热点搜索列表、知乎热点搜索列表、B站热搜，这三个平台会有一些时事热点，从国家大事到社会新闻都会涉及，也可以使用中央电视台新闻应用程序App，查看《新闻联播》《共同关注》《焦点访谈》之类的新闻节目。

分析时事热点，我们需要对它们进行分类，并从不同的角度进行分析。时事热点可分为这样几个部分：一是信息来源，即事件的主要部分，时间、地点、何人、何事。二是编码，即如何有效地将事件编辑成信息，是以书面文字还是口头文字，是煽情还是写实？三是渠道，也就是说，这件事是通过什么渠道传播的，是权威官方媒体还是小道八卦？四是解码，即公众如何理解他们所接收到的信息，如何理解信息的真实性。五是信息

接收者，是哪个社会阶层的人在关注它？它是广泛传播还是小范围传播？是不是关系到社会上每个人的切身利益？六是噪声，即事件中有其他噪声吗？如官方辟谣之外的各种谣言。七是背景环境，包括经济环境、社会环境、政治法律环境、技术环境等。一般来说，从这些方面进行分析，我们就能够得出比较理性的、客观的结论。

需要注意的是，在看热点问题的相关讯息时，一定不要盲目跟风，乱评价、瞎定论都是不可取的。如果想发表自己的一些想法，一定要注重传播正能量。

（2）熟知网络语言，把握其流行的本质意义

网络语言是指从网络中产生或应用于网络交流的一种语言，诸如英文字母、文字、标点、符号、拼音、图标（图片）等。如"驰名双标""送口罩""王炸""多人运动""硬核"等等。熟知网络语言的来源及其含义，是具备网感能力的体现。

网络语言这种简明的语言形式的流行，一方面因为其新奇、幽默等特点受到年轻网友的追捧；另一方面是因为它的出现符合语言经济原则（又称省力原则），即人们倾向于选择能同时满足说话人完整表达和听话人完全理解的最少符号。换言之，即以最小的认知代价换取最大的交际收益。能够洞察网络语言流行的本质意义，也是网感能力的一种体现。

9. 抗压能力：培养多种能力，才能减轻压力

新媒体运营所需要的抗压能力，是指在运营过程中扛住各种压力的能力。新媒体运营并非易事，尤其是对于刚入行的小白更是难上加难。除了码字编排烦琐外，那些让人失落的数据都足够压垮一个新媒体人。更何况还有老板的不断催促，用户的不屑，偶尔还要充当客服接受顾客的吐槽，没有强大的抗压能力真不行。只有扛住各方面的压力，才能确保新媒体运营绩效指标。

（1）踩坑时"压力山大"，关键是迈过去

新媒体小白会遇到许多"坑"，比如定位领域时遇到的"坑"。初入新媒体时多领域出击，结果货卖不出去，最后铩羽而归，致使自己苦不堪言。人的精力是有限的，所以应垂直一个领域，做好一件事，等到成熟后再酌情考虑其他领域。

再如内容创作时遇到的"坑"。初入新媒体时由于急于表现，急于炫耀，就草草写完文章让别人看，结果这种文章内容根本无法引流，导致自己信心大减。一篇好的文章内容需要包含许多因素，如抓住眼球的标题、吸引目光的开头、会讲故事、列数据、文中有金句、插图有趣等等，这些都是需要逐步学习的。

又如选择平台时遇到的"坑"。由于对平台不够了解，因而随便放上去的文章或视频没人看，造成自己做了无用功。新人入门级平台建议选择今日头条、微信公众号、知乎、小红书、百家号、抖音。这些平台的扶持力度一般都比较强，并且有的是自媒体的头部，比较专业，已经成为粉丝沉淀池，所以它们是新人的好选择。

（2）能力+技能+心态，是减压的利器

具备一定的能力和可以快速上手的技能是减压的利器，比如掌握写作、设计、排版、策划等技能，一定能够有效减轻你的压力。零基础小白转战新媒体，必要的能力和技能应该具备。有了一技之长，压力随之减轻；有了多技之长，不但可以减轻压力，还能让自己信心满满，踏入"大神"之列。

心态对于减压具有重要作用。有一个良好的心态，才能保证每天的好心情，有好心情才会精神饱满、积极向上，精神好，干什么都会顺利。做好自我心理调整，调整好心态，压力也就减轻了。

第三章
内容生产：
向用户和粉丝提供优质内容

内容在整个新媒体运营中的重要作用是吸引和维护用户，曝光品牌，提供价值，实现和提高转化率。向用户和粉丝提供优质内容，是整个新媒体运营中的关键所在。优质内容的生产，必须根据读者的身份和需求确定主题，规划内容的定位、形式和风格，围绕既定主题进行内容创作，做好推广后传播，最后根据实际效果进行必要的调整和优化。这既是一个大的流程，又是一项系统工作，任何环节切不可大意！

1. 选题规划：根据读者的身份和需求确定主题

新媒体运营重在内容创作，要生产出对用户的黏性、活跃度、消费行为产生一定促进作用的内容。而内容创作的第一个环节就是进行选题规划，也就是确定主题，使之成为下一阶段内容创作的总纲。

（1）主题定位，要考虑多种因素

写一篇文章，拍一个短视频，或者发布一篇微博，在一开始就要慎重，要将多种因素考虑进去，然后才能确定从哪些角度入手。否则就不会收到预期效果，甚至带来麻烦。

咪蒙团队是自媒体金字塔顶端的实践者，粉丝数量一度超过千万。然而，为了吸引眼球，讨好粉丝，刻意制造话题，以性爱、资本崇拜、暴力为主题的字眼在文章中随处可见，文章的标题也会用直截了当，甚至是粗暴、流氓的语言来表达。随着这些文章的出现，对社会风气产生了负面影响，以致咪蒙微信公众号"才华有限青年"被注销，超千万粉丝和数亿估值瞬间清仓。令人欣慰的是，咪蒙团队在自省后宣布回归，表示："我们回来了，这次是真的回来了""还是原来的团队，还是原来的我们！"

咪蒙团队曾经蓬勃发展，却因价值观畸形而被终结，可见锚定健康价值坐标的重要性。这不仅为行业敲响了警钟，同时也说明，新媒体的主题不仅要能够吸引人,更要保证和媒体平台的定位、公司定位相符合,最关键的是要符合社会主义核心价值观。

(2)从读者角度确定主题

文章的主题要随着读者的变化而变化,如果读者的身份不同、需求不同,主题就要随之做出相应的调整。首先要想一想这篇文章的读者是谁。以一篇有关"选主题"的文章为例,如果针对的读者是写作小白,目的是让小白了解选主题的方法,那么主题就应该是"学会这样选主题,写文章不卡壳";如果针对的读者是希望提高文章阅读量的人,那么主题就应该是"学会这样选主题,阅读量何止百万";如果针对的读者是政府的文员,那么主题就应该是"学会这样选主题,领导读一遍就批过"。

不仅要根据读者身份来确定主题,还要根据读者的需要来确定主题。要想一想这篇文章的读者想看什么内容,是要学习干货还是要情感安慰。如果读者要的是干货,就不要发布"七夕节我们去民政局离婚"这样的主题;如果读者要情感安慰,就不要在深夜十点发布"每天听本书"这样的主题。

2. 内容规划：规划内容的定位、形式和风格

我们根据读者的身份和需求确定主题后，接下来就需要考虑内容规划。一般来说，内容规划应从定位、形式、风格这三个方面入手。

（1）规划内容定位：知道自己为谁提供内容

内容定位就是知道自己为谁提供内容，即要为哪个细分人群服务，提供什么细分需求。需求应该是具体的而非抽象的，应该是清晰的而非模糊的。也就是说，要尽量垂直到一个细分领域，而不是覆盖多个领域与多种需求。新媒体不再只是像传统媒体那样提供信息，而是更加重视运营背后为用户提供的服务。事实上，为谁提供内容或服务意味着你将影响到什么人。

（2）规划内容呈现形式：图、文、音、视

规划内容呈现形式有四种：图、文、音、视。可以选择一种形式来做，也可以采取多种形式相结合的方式来做。比如，豆瓣上豆友发起的活动"为你读首诗"就是音频＋文字＋图片。该活动也不一定就是读诗，或者读一段优美的文字，或者哼一段好听的旋律，或者发几张图片，什么都行。再如，利用变音器发布原创短视频内容的papi酱（本名姜逸磊）就是

视频+文字。视频播放过程中,屏幕上不但有papi酱的人物形象,还显示字幕和关键词,尤其是她的那些经典语录,已经成为很多网友的谈资。

(3)规划内容个性化风格:账号必须人格化

所谓风格,就是你的账户必须是个性化的,选择一种最容易被用户接受的风格,通过人物设置、语言特点、价值选择等手段将个人形象武装到位,并逐步夯实在用户心中的定位。为此,对来源于原创、采访、整合、约稿、转发等方面的内容,必须确定自己的风格,从而使用户可以轻松地区分你和别人。

3. 内容创作：围绕既定主题，确定写作内容

完成内容规划后，就要考虑在这个规划下应该写哪些内容，或者要拍摄哪些内容。比如，一篇文章不宜有太多废话；拍段视频，也不应该平淡无奇。

（1）创作之前两要事：确定内容来源，收集整理素材

内容规划完成后，就进入内容创作阶段。但在创作内容之前，我们先要做好两件事情，一是确定内容来源，二是收集整理素材（见表3-1）。接下来才是内容创作的实操过程及方法。

表3-1 内容来源和素材处理

事项	含义
确定内容来源	内容来源就是谁提供内容，包括原创、采访、整合、约稿、历史文章重发、转载等。一个人的灵感总有枯竭的时候，因此需要一定的知识储备。社区的内容也可以作为思路的引导或者线索。根据知识共享协议，翻译外文信息作为内容来源也是一种可行的方式
收集整理素材	内容规划完成后，需要进行素材处理，为后面的内容创作做积累和准备。处理技术主要是针对内部素材及行业素材的收集与整理。素材包括内部素材，如产品图、产品理念、活动流程、内部数据等。行业素材包括行业数据、行业新闻、网民舆论、近期热点等

第三章　内容生产：向用户和粉丝提供优质内容

（2）内容创作实操指导：文章就应该这样写

新媒体有文章和视频两种主要形式，这里仅就"文章的写法"来展开。写文章的步骤整体来看并不复杂，关键是要多花时间进行打磨。文章的写作过程可做如下描述，如表3-2所示。

表3-2　文章写作过程描述

过程节点	具体描述
写前思考	在开写之前，应静心思考自己写的是什么，想要怎么去写，要表达什么，要传达给读者什么，最终要达到什么目的。这些思考非常重要，是写文章最重要也最必须做的一步。有的人写完后自己看了都不知道写的是什么，就是因为没有提前思考明白这些问题
列出提纲	开始写时应该列出提纲，围绕主题把文章拆分成不同的板块，每个部分的主旨用一句话或关键词写出来，各个部分又可以继续拆分下一层级。这绝对是一个写文章速成的方法
填充内容	列好提纲后，根据提纲中的每个小标题开始写内容，把想到的相关内容全部写出来，而且是用最直白的语言写出来
必要删减	写完后，从头到尾读一遍，边读边删掉那些与整个文章主题及提纲不相关的内容，这也是再次强化和梳理主题逻辑的过程。注意，在删的过程中应保留原稿，因为后面可能需要再补进来
内容润色	删完后要给内容润色，包括句子结构、标点语法、文字优化、修辞手法、段落衔接、案例丰富、使用文案技巧等等。这一步没必要死磕文字，因为后面很有可能会继续修改
自我审查	文稿初定后要自我审查。这一步就是自己给自己找碴儿，自己怼自己。比如可以问：文章核心主题有没有分散？每一个板块写的内容是否足够聚焦？内容是否直击用户痛点？读者会被激起怎样的情绪？看完文章后读者会分享吗？整个文章是否符合我的定位和个性？类似的问题很多，就不一一列出了，但做完这一步，对文章一定会有更深的思考
全面优化	自问和思考后，要进行优化，诸如调整段落结构、优化文章开头结尾、补充关键信息点、加入更多对读者情绪的引导等等。好文章是改出来的，N次修改就是所谓的"捷径"
精制打磨	精制就是重复改稿，反复看、反复提问、反复修改。这里会重复很多次。不过实际写作中，要结合需求、时间精力、重要性、紧迫性、自己心情等因素，修改到自己满意或需求方满意就OK了

4. 推广传播：自己做推广，用户做传播

推广与传播都是将内容传递出去，不过二者有所不同：推广属于内容生产者的主动行为，推广策略上偏重于渠道和手段；而传播属于用户的一种行为，由于用户更关注"有料"的内容，因而传播策略上则更偏向于内容。基于此，主动的内容推广行为应采取免费推广方式，而用户的传播则需要内容生产者不仅要生产高质量的内容，也必须考虑到用户的空闲时间。

（1）内容推广：学会免费的内容推广方式

我们辛辛苦苦制作出来的内容，可谓耗费心血，如果好内容没有推广出去，没能被更多的用户看到，那就是浪费。而免费的推广方式将大大提高用户的范围和阅读量，所以学会这种推广方式也是很重要的。

目前免费推广渠道主要有电子邮件通信、百度推广、短视频推广，以及360、神马、搜狗推广。电子邮件通信是非常有效的推广方式，电子邮件列表是全球排名第一的内容推广工具。百度推广形式主要有免费和付费两种，其中免费推广即搜索引擎优化（SEO），通过对网站的优化而提升网站在百度的排名。短视频推广现在可谓风生水起，以抖音为首的短视频用户量已经数以亿计，其品牌推广效果让人趋之若鹜。360、神马、搜狗

这三家的搜索流量虽然不能跟百度相比，但效果也是肯定有的，重要的是成本会比较低，非常适合中小型企业。

（2）内容传播：考虑到用户的空闲时间

由于传播是由用户主导的，因此内容决定了传播的广度和深度，好内容会引导用户将其转发到朋友圈、微信群或更多的渠道。好内容的重要性不必多讲，在快节奏生活的当下，用户的空闲时间是非常宝贵的，而且是琐碎的，因此我们在发布内容的时候，也一定要考虑到用户的空闲时间。例如，职场定位的账号，最好在用户下班的时候发布，因为只有这时候用户才有时间去看。

5. 调整优化：根据反馈，调整优化内容

如果内容在实践中的转化率低或反馈不好，需要对内容进行调整与优化。这里面有两个重要环节，一是根据反馈对内容进行评估，二是对内容进行调整优化。

（1）评估内容效果，关键看内容带来的价值

许多内容生产者虽然喊着"内容为王"的口号，但是不能正确评估内容效果，结果自己不但没有长进，业绩也不高。该如何评估内容效果呢？关键是看内容带来的价值，诸如阅读量、涨粉情况、增强现有粉丝和潜客的信任度、市场认可度、转化率等等。其中，转化率是最能反映内容价值的，它是内容创作与推广传播的终极目的。如果用户持续接收到内容传达的有价值的内容，那么当他在需要相关的产品时，就更容易想起你。内容能带来高转化率，就是因为内容提供了对用户有价值的内容。

（2）调整以用户满意为目的，优化以用户体验为中心

从用户满意的角度对内容进行调整是关键的一点，否则，进行再多优化都是没有意义的。通过内容复盘，进一步清晰自己的用户画像，明白用户的痛点，分析用户的兴趣点，关注用户近期兴趣的变化，让内容符合用户的期待。这就是内容调整的整体思路。

第三章 内容生产：向用户和粉丝提供优质内容

优化应该以用户体验为中心来进行，过程中涉及内容方方面面的可能的变化。就文章内容而言，尤其要把握两个关键点：标题和内容。优化标题，要使标题能够真实反映文章的中心思想，还要花心思设计一个更加吸引人的标题，合理的关键词密度也是必须注意的。正文内容的优化应该适度，大量的改动会使文章面目全非，不如重写了。一般来说要关注开头和结尾。正文的开头部分要有概述中心思想的关键词出现，并用加粗或者斜体来突出，这样会获得更多的权重。文章结尾处最好有相关文章的链接。内容优化应该是一个不断持续的过程，这也是"好文章是改出来的"一种体现。

第四章
渠道运营：
玩转各大渠道，
让内容产生更大的价值

渠道有很多，玩法也有很多，可以结合不同渠道的特点玩出不一样的花样来，让内容产生更大的价值。这个现象的意义在于，不仅打造出运营者的影响力，也意味着变现时刻的到来。事实上，无论是成熟的渠道运营者还是初涉渠道的新人，要想真正玩转渠道，获得利益，就必须了解渠道和选择渠道，这是两个不可回避的过程，然后才能在渠道上吸粉引流并实现转化。

1. 主流新媒体渠道的基础运营方法

做新媒体渠道运营，就必须了解主流新媒体渠道的基础运营方法。下面提到的新媒体推广渠道中的各个平台，并不是一名新媒体渠道运营人员所能够兼顾的，可以对其中一部分精通，但了解这些新媒体渠道的价值、功能定位、广告资源、推广传播等方面的基础运营方法是非常有必要的，将使我们理解新媒体渠道运营到底是怎么回事，也有助于我们的渠道选择及营销成功。

（1）微信平台、新浪微博平台、问答平台、百科平台的运营方法

微信平台、新浪微博平台、问答平台、百科平台是我们需要深耕的新媒体平台。它们的运营方法各有侧重，下面我们具体来看看。

微信平台上常用的新媒体工具和资源包括微信公众号平台、微信个人号、微信群、微信广告资源，它们有各种不同的价值及功能定位，如表4-1所示。

表4-1 微信公众号平台、微信个人号、微信群、微信广告资源的价值及功能定位

平台	价值及功能定位
微信公众号平台	微信公众号平台的主要价值在于让企业的服务意识提升,强调以内容取胜,通过内容拉新、转化、活跃和留存用户。从功能上看,可以群发推送,主动向用户推送重要通知或趣味内容;可以自动回复,用户根据指定关键字,主动向公众号提取常规消息;可以一对一交流,针对用户的特殊疑问,为用户提供一对一的对话解答服务
微信个人号	微信个人号是一种用户服务工具。微信订阅号开通率低,互动形式有限;微信服务号、互动形式、消息推送频率有限。企业微信个人号可以增加用户好友,其互动形式更多,可以为用户创造更好的服务体验
微信群	微信群是用户社群运营和用户服务的载体,用户打开频次更高,用户体验更佳。其不足在于功能较少,社群管理较为困难
微信广告资源	微信广告资源包括微信朋友圈广告、广点通广告、微信大号之软文广告、微信大号之硬广文章、微信大号广告之视频贴片。此外还有文章赞赏、昵称广告等

新浪微博平台上常用的新媒体工具和资源包括微博企业自媒体和微博广告资源,如表4-2所示。

表4-2 微博企业自媒体和微博广告资源的功能定位与资源

平台	功能定位与资源
微博企业自媒体	通过品牌与用户的互动,提升用户对平台的满意度,提升用户黏性,从而实现用户活跃和留存。此外,企业微博也是企业信息披露的重要途径
微博广告资源	微博广告资源包括粉丝通广告、微博大号之软文广告、微博大号广告之硬广等

问答平台中用于新媒体推广的有知乎、分答、百度问答和360问答。知乎和分答的营销势能比较强,百度问答和360问答多被运用于网络推广。问答平台的功能定位是辅助SEO和流量渠道,如表4-3所示。

表4-3 问答平台的功能定位及运营方法

功能定位	运营方法
辅助SEO	由于问答平台的权重较高，很容易在搜索引擎中获得较好的排名
流量渠道	一方面，被问答推广所吸引的用户具有较高的准确性。另一方面，由于问答是"网民之间的意见和经验交流"，因而信息更可靠，更容易形成用户声誉

百科平台中用于新媒体推广的有百度百科、360百科和互动百科。百科平台是新媒体中的"老媒体"，但它在江湖中的地位依然不可动摇。百科平台的功能定位是辅助SEO和提供信任背书，如表4-4所示。

表4-4 百科平台的功能定位及运营方法

功能定位	运营方法
辅助SEO	与问答平台一样，百科类平台的权重也比较高，很容易在搜索引擎中获得较好的排名
信任背书	商业的根本在于信任，百科类平台可以为平台使用者在一定程度上提供信任背书

（2）直播平台、视频平台、音频平台的运营方法

在娱乐化与多媒体化营销推广大趋势下，直播平台、视频平台、音频平台这三类新媒体平台是我们需要占位和强化的阵地。它们的运营方法也是各有侧重，下面就来看看。

直播平台的最大特点是具有直观性和即时互动性，代入感强。直播平台的运营方法有信息披露、网红代言、品牌宣传、客服沟通等，如表4-5所示。

第四章 渠道运营：玩转各大渠道，让内容产生更大的价值

表4-5 直播平台的运营方法

运营方法	运营分析
信息披露	通过网络直播做信息披露，可以超越传统信息披露形式的地域限制，不必实地考察、开座谈会等
品牌宣传	其直播形式多种多样，诸如产品发布会、平台融资发布会、公司乔迁、成交额破亿庆功会、公司高管的主题直播等等
网红代言	通过直播中的网红或人气主播的内容推荐，吸引直播平台中的用户
客服沟通	网络直播实现了与用户"面对面"的及时交流沟通，因而具有很强的直观性、即时互动性及代入感
娱乐活动	直播平台借势节日或者社会热点，发起线下活动，线上直播，让用户与品牌发生更密切的关联
整合传播	直播平台可以充分结合其他媒体渠道的优势，综合运用线上线下传播资源，打一场好的传播战役

视频平台的视频内容包括品牌介绍、品牌宣传、产品促销、增加用户触达、促进用户参与度、业务推广等。值得一提的是，在短视频平台中，微视、一点资讯、搜狗号、百度经验这四大短视频平台的扶持奖励计划是每个新媒体小白应该了解的，如表4-6所示。

表4-6 微视、一点资讯、搜狗号、百度经验的扶持奖励计划的运营方法

平台	扶持奖励计划的运营方法
微视	微视有三个扶持计划，一是校园计划，主要是针对校园的大学生；二是寻找牛人计划，有一技之长的达人都可以获得扶持奖金；三是短剧计划，目前该计划按照单集的播放量来计算，具体扶持分成平台会在朋友圈及时发布。除了扶持计划，微视还上线了电商功能，加的是京东以及模块的链接，该功能目前还在内测当中
一点资讯	一点资讯在平台中名列前茅，其流量是非常大的。只要在一点资讯上有优质内容，达到一定播放量后就会有收益。对于内容原创者来说是非常好的一个扶持政策

续表

平台	扶持奖励计划的运营方法
搜狗号	搜狗号可以免新手期,并且高等级账号的优质的内容还可以被推荐。搜狗号的资金扶持包括扶持计划、红包计划和活动补贴等。搜狗号的页面浏览量较高,日活量也是在千万级以上
百度经验	百度经验设立有几个奖项,一是新人奖,开号当月通过至少三条优质视频即获得奖金;二是伯乐计划奖,邀请身边的创作者一起来加入百度经验,则会获得一个伯乐奖;三是热点奖,结合热点事件的优质内容经审核通过后,就会得到奖金

音频可以伴奏,这是它独特的属性,因而不需要占用两只眼睛,便能在各种生活场景中发挥出最大的作用,从而有效地让品牌信息到达用户心中,这是音频营销的关键所在。音频平台的营销方式,如表4-7所示。

表4-7 音频平台的营销方式

方式	说明
广告植入	选取目标受众集中的音频节目,然后在音频内容中进行广告植入
音频自媒体	进入音频平台的品牌可以建立自己的音频自媒体,《PP理财时间》就是喜马拉雅与一家投资管理公司联合推出的产品
专题节目	与特定主播合作定制节目,通过设定粉丝特权,可以加速营销转化

(3)自媒体平台、论坛平台的运营方法

这里的自媒体平台不包括微信公众号平台。自媒体平台和论坛平台也是值得考虑的占位阵地。自媒体平台包括QQ公众号平台、UC自媒体平台、简书、头条号、企鹅媒体平台、搜狐公众平台、网易号、凤凰媒体平台、东方号、趣头条、惠头条等等。论坛平台主要有百度贴吧和豆瓣。

自媒体平台包括的那些平台的影响力和用户量均不及微信公众平台,但它们的功能性较强,所以我们不应该忽视它们。总的来说,这些自媒体

第四章 渠道运营：玩转各大渠道，让内容产生更大的价值

平台的功能主要体现在两个方面，如表4-8所示。

表4-8 自媒体平台的功能

功能	说明
流量曝光	这些自媒体平台往往能给自媒体账号带来可观的流量曝光，更容易在平台上培养一批忠实粉丝
抢占先机	自媒体平台的格局正在加速变化，提前占位有助于把握机会

百度是中国最大的搜索引擎，百度贴吧一直有很高的人气，百度贴吧的营销价值不容忽视。豆瓣则是文青的天堂，其在新媒体的江湖地位不可否认。百度贴吧和豆瓣的功能定位，如表4-9所示。

表4-9 百度贴吧和豆瓣的功能定位

功能定位	说明
辅助SEO	以豆瓣网为例，豆瓣日志和豆瓣小组是豆瓣网的两个排名和收录都很好的应用。豆瓣生产的内容被搜索引擎收录后，只要关键词使用精准，流量就会多起来
社群运营	百度贴吧可用于用户社区操作。百度贴吧的优势在于它有很强的社群容纳性，因而用户之间的互动可以让用户找到一种社区归属感。据此，百度官方吧可用于用户社群运营
塑造网红	塑造网红或培养意见领袖是一个收效比较慢的营销方式
发帖推广	目前百度贴吧和豆瓣对于发帖版块选择、发帖内容、发帖方式都提出了非常高的要求。因此，在平台发帖推广的难度比较大

新媒体运营——电商人从零开始学运营

2. 新媒体运营推广渠道的选择

选择适合自己的新媒体推广渠道,需要从多个维度来考量,诸如产品、用户、渠道能力等等,这样才能做到对渠道运营的思维和效果的双重把控。

(1)明确产品目标,分析用户群体

每个渠道都有自己的运作方式,每个渠道都有自己面向的主要用户群体,我们需要根据自己产品的不同时期和用户群体渠道分布这两个维度分析渠道。

新媒体渠道运营必须注意,产品在不同时期要选择不同的渠道,这样才有助于把渠道做专做精,从而持续带来有效流量。总结来说,产品萌芽期主要是铺面,可以选择多个渠道进行操作,然后根据反馈数据做出调整或优化;产品发展期就要做专做精,做好核心渠道,提升用户质量,稳定引流并力求持续见效;产品成熟期则是铺面和做专做精相结合的时期,即在多渠道操作中,提升用户质量,稳定引流并力求持续见效。以产品发展期为例,渠道选择上可以考虑知乎、简书、豆瓣等免费渠道,也可以考虑微信广告主、微博粉丝通等付费渠道。此外还要确定目前与之相配的目标,比如3个月带来2W+的有效流量等。

第四章 渠道运营：玩转各大渠道，让内容产生更大的价值

渠道选择之初，除了明确产品目标，还要分析用户群体。很多人做渠道运营效果不佳，很大一部分原因就没有搞明白自己的用户群体属于哪一类人，他们的需求是什么，会聚集在什么平台上。其实，如果真正弄清楚了这三个问题，在用户群体所在的平台中着重选择一两个，然后把内容或产品放上去，其效果则是完全不一样的。因此，在选择渠道前，应通过这三问来分析用户群体。

（2）考察渠道能力，以利最佳选择

不同的平台性质不同，发布的内容要求也不同，每个平台都有优缺点，要做好挑选，渠道能力考察必不可少。总的来说，分析渠道主要考察渠道的以下几种能力，如表4-10所示。

表4-10 分析渠道主要考察的渠道能力

渠道能力	分析方法
获客成本	获客成本的高低直接影响着产品推广的运营成本，因此渠道获客成本是渠道分析的核心点。现在获客成本高，寻找低成本的获客渠道才能活得滋润。不同渠道的获客成本各有不同，相对来说，微信、社群、自媒体、短视频、直播都是获客成本较低的渠道
渠道用户	如果某个渠道的用户群体是我们的目标用户，那么该渠道就适合投放；如果获客成本的渠道的用户群体不是我们的目标用户，那么就没必要投放。用户群体匹配度很重要
投放方式	不同的渠道有不同的投放方式，因此要看自己的情况和运营计划是否适合这种方式

（3）选择核心渠道，发力做专做精

既然目标已经明确，渠道也心中有数了，下一步就需要选择一两个核心渠道并发力做专做精。先要说明的是，要按照确定目标、分解目标、测试结果的流程，做好数据回收，并根据这些数据来最终判断哪些渠道带来

的引流效果更好，然后把运营成本主要花在一两个核心渠道上。

下面是在核心渠道上挖掘流量的具体操作方法，如表 4-11 所示。

表4-11 核心渠道流量挖掘方法

核心渠道	流量挖掘方法
微信	如果选择微信平台，要做不同的文章类型测试，做社群运营活动，做自定义菜单、开发接口，做关键词引导，等等
微博	如果选择微博平台，要做的事情是发布微博话题内容、KOL推荐、粉丝头条等
免/付费	如果选择免费渠道或付费渠道，就公众号来说，要做出不同的内容，然后测试哪些内容用户阅读量高，转发量高，留言点赞率高。在确定了用户的兴趣点后，制作出又专又精的优质内容。对于粉丝来说，要根据不同的账号维度、地域维度、内容维度、信息维度，来观察用户活跃情况

（4）遵循产品原则，才有投放效果

我们选择渠道时要考虑产品的不同阶段，但不管产品处于哪个阶段，选择渠道的过程中都需要牢记以下原则，这样才能保证投放有效果，如表 4-12 所示。

表4-12 渠道选择原则

原则	实践含义
注重效果	使用的渠道多并不意味着引流效果就好，应该谨记"结果导向"，效果第一，把精力放在最能获取有效流量的渠道上，切勿贪大求全。至于如何判断效果，数据分析会告诉我们结果
慎用品牌渠道	产品初期不盈利就不要考虑品牌渠道，那些品牌渠道是大公司或"土豪"们玩的，小公司折腾不起
效果好就挖到底	如果有一个渠道能给你带来不错的引流渠道，那就一挖到底，让它带来最大价值
流程化获取流量	把流量渠道的更新和增加看作一个流程，一个渠道做好后，再去做下一个渠道，从而实现流量获取流程化

3. 八大新媒体平台的吸粉玩法

有流量的地方就有商机，新媒体平台就是有流量的地方，所以要吸粉、赢得流量，就应该充分利用当前主流的八大新媒体平台。无论今后将出现多少新的新媒体平台，这都是最佳的学习路径。

（1）自媒体平台：凭借优质的内容吸粉养粉

这里的自媒体平台就是在上一节讲的头条号、搜狐公众平台、东方号、网易号、惠头条等，这些自媒体平台的流量都很大。如果我们好好利用这些自媒体平台，发布高质量的内容，不但可以获得一定的收入，增加产品曝光率，而且可以积累和培养一批忠实的粉丝，从而进一步提升转化率。

（2）新浪微博平台：开通微博，沉淀粉丝

新浪微博平台的社交功能非常强，因而流量很大，用户很活跃，而且它的信息传播速度非常快，几乎所有的公众人物都开通了微博，所以它是品牌话题营销和事件营销的最佳载体，运营新浪微博平台可以迅速提升品牌声望。微博对运营人员来说也是一种很重要的沉淀粉丝和推广的渠道。我们可以通过与用户的频繁互动，不断提高粉丝的黏性。新浪微博平台拥有大量的广告资源,而将新浪微博运营成为一个大号后发软文广告,效果是非常好的。微博发文的话题热点要强,比如话题排行榜更容易传播、评论和围观。

(3)微信平台:注册公众号+拉粉丝建群

微信平台拥有庞大的用户群,新媒体运营必须充分利用微信平台。可以在微信公众平台注册微信公众号,以便做营销和维护用户。微信公众号的垂直性、私密性、互动性、自主性都很强,所以很容易积累粉丝和用户。还可以建立微信群,把所有的粉丝都拉到一个群里,然后在群里发信息、做营销,这样用户更容易看到。微信的广告资源也相当丰富,朋友圈、官方账号、官方账号的广告都能收到效果。

(4)直播平台:专家直播+网红直播+活动直播

直播可以即时与用户互动并能拉近与用户的关系,当发布新产品时,用户可以超越地域限制了解到你的产品,所以要用好直播平台。直播的玩法目前有很多,其中主要有三种:一是专家现场直播,这种玩法可以提高产品的权威性,用户也比较容易接受产品;二是网红直播推荐,网红的直播间一般都拥有较大流量,能增加产品的曝光度;三是活动直播,在线下做活动并在线上直播,然后让用户直观地参与到产品中来。有专家、有网红、有活动,粉丝常常趋之若鹜,从而实现引流。

(5)短视频平台:以短视频展现产品的生产、使用及功能

目前利用短视频进行品牌宣传和产品促销的方式全面发力,短视频卖货如火如荼,所以我们必须进行短视频运营,学会把产品包装成短视频内容。我们可以将产品的生产过程、产品的使用场景和使用方法,产品的功

能都一一展现出来,不仅可以展现品牌特色,用户也非常容易接受,带货能力很强。

(6)音频平台:音频自媒体+与音频主播合作+植入硬广

很多人喜欢听一些声音,我们应利用这个需求来做音频营销。可以建立自己的音频自媒体,发布高质量的音频内容来获得粉丝。还可以与一些音频主播合作,进行音频营销,也可以在音频中直接插入硬广告。

(7)问答平台:凭借优质回答获取高质量用户

问答平台聚集着很多精准流量群体,用来做引流推广的效果是很好的,能够获取一些精准的用户群体。事实上,在各种回答中,只有优质的回答才能提升权威性,从而获取高质量的用户。

(8)论坛平台:频繁发声,获取用户

各大论坛都有大量的用户群体,并且是精准的群体。在这些论坛多发言讨论,能获取到大量用户。论坛发声要有质量,同时要注重内容和标题,坚持发帖。这方面要多多借鉴那些高流量、高人气的帖子。

4. 从动漫《啥是佩奇》看新媒体渠道运营

《啥是佩奇》是中国移动与《小猪佩奇过大年》合作的短视频。中国移动将自己的新产品"视频彩铃"与过年气氛及《小猪佩奇过大年》真人动画电影结合起来，具有老少皆宜、温馨感人的特点，2019年1月17日甫一播出即形成病毒式传播，迅速刷爆网络。

《啥是佩奇》是作为运营商的中国移动在渠道运营方面的创新。在新媒体整合不断成长壮大的现状下，渠道运营要切实抓住市场信号及时事热点，充分利用新媒体的优势推出自己的产品。那么，渠道经营者在实践中应该采取哪些措施？应注重以下几点——

（1）积累和维护内容素材，择优在共享平台上发布

在新媒体一体化环境下，一个合格的渠道经营者要注重素材的积累和维护；要建立自己的素材库，并将其与同行共享，这样有利于相互了解、融合和创新；还要善于随时取用优秀素材，并对所有的素材做好编辑、修改和删除等维护工作。

积极地积累和维护新媒体内容素材的目的，是将其上传至共享平台，并在技术上提供内容推送接口，使之得以推广和传播。

（2）发挥新媒体渠道优势，实现业务承载与特色化

渠道经营者应借助新媒体渠道优势，创新业务模式，让业务更具特色。例如，医药电商行业就有O2O模式，如阿里健康、京东健康、叮当快药等；B2B模式，如九州通医药等；B2C模式，如1药网、康爱多；处方流转DTP药房承接模式，如妙手医生、零氪等。比如在新型冠状病毒肺炎疫情期间，B2C模式更好地平衡了不同区域之间不同的消费需求，疫情期间的相关药物、家用医疗器械产品的需求量不断激增，用户数量不断增长，带动了各类医疗电商业绩增长。

事实说明，充分发挥新媒体渠道优势，可以使渠道经营实现重要业务的统一承载，还能在兼顾不同业务特点的情况下提供特色化业务，比如提供不同的产品、本地优惠券等，从而加快业务创新发展。

（3）用好新媒体和大数据，实现新媒体精细化运营

大数据在渠道运营中具有不可忽视的重要作用。渠道经营者应将新媒体的传播优势和大数据工具结合起来，实现新媒体精细化运营，从而创新渠道营销模式，提高渠道运营效率，提升渠道营销转化率。同时，大数据整合用户新媒体标签，可以实现精准营销。

可以根据整合后的用户标签，为用户提供及时的、精准的、个性化的推送，以提升用户体验。也可以根据数据分析来抓住市场热点，适时推出自己的产品，以提升营销成功率。还可以基于用户标签制订用户成长计划，针对不同用户提供不同的专属权益，以巩固用户的归属感和黏性等。

（4）借力IT系统支撑，进行横向建设和纵向建设

在新媒体整合的形势下，渠道运营管理需要IT系统的有力支撑。具

体来说，要加强横向和纵向两个方面的建设，以提高系统管理能力。

在横向方面，要突破新媒体平台之间的壁垒，对每个新媒体账号实行统一管理和分配，并制定组合运营策略，从而合力发挥出每个平台优势。在纵向方面，要在每一个新媒体平台上共享资源，提供优质的内容，从而提升转化率。

第五章
引流推广：
引流量进来，推产品出去

　　做新媒体运营必须做好引流推广，一方面把流量引进来，另一方面把产品推出去。新媒体的引流推广渠道或平台有很多，也有很多种玩法。本章从实操角度分析了小红书、百家号、知乎、抖音这几个重要平台做精准引流的方法（当然还有其他如快手等同样重要的平台，篇幅原因不便涉及），从方法论角度讨论了利用官方运营阵地的流量推广、基于人群喜好的社交媒体推广、注重投资回报率的付费广告推广等，最后还分享了新媒体推广策划案的撰写方法。

1. 小红书引流：内容+运营+变现

为什么要在小红书上引流？小红书上的达人是很值钱的。一般来说，如果达人有 5 万粉丝，那么发布一条广告的费用在 500 元到 700 元。照此推算，如果你也能成为一个达人，也有 5 万粉丝，接下来广告就会来了。这就是 KOL 的力量。要做成功的自媒体平台，就必须了解 KOL 的力量。

小红书的用户多为女性，黏性大，购买力强。在小红书，你不仅可以分享自己的种草笔记，还可以从别人的推荐中找到适合自己的产品，这样你就可以在小红书买到。这样的循环让用户养成了习惯，当用户需要一个有一定性能的产品时，就会去看小红书上的笔记，然后在小红书商场购买产品。因此，选择小红书平台不仅可以精准获得女性用户，还可以进行精准引流及营销女性产品。接下来，我们就深入研究一下小红书的引流操作方法。

（1）内容：打造大量引流的爆文

内容是引流的核心，内容的好坏决定引流的多少。这一点对整个新媒体运营都具有指导意义。小红书发文的内容主要体现在四个方面，一是个人体验后的感悟，二是产品使用展示，三是有价值的"干货"问题解决

第五章 引流推广：引流量进来，推产品出去

技巧，四是针对痛点给出解决办法。这些小红书最为常见的发文内容，同时也意味着发文的方向。那么，如何写出爆文？其实写爆文没有太大的技巧，主要是要有好的原创内容，还要把标题和图片做好。

原创内容有两种，一是自己来写。你可以把自己的使用心得写成文字，配上你的使用效果，然后，再植入你的产品。这类内容小红书会大量地推荐。二是伪原创内容，借鉴别人的内容，为自己所用。

首先说标题，它是一篇文章的"眼"。一篇高热度的文章，80%取决于标题。标题也是运营时的关键词，因此要着力提炼。比如，带有数字的标题要注意涉及的数字最好是阿拉伯数字；带有语气的标题建议用反向思维的语气，节日标题要突出节日的关键词，人群标题的关键词要体现主题等。标题是文章的核心，所以要把最重要的关键词呈现在标题上。

其次是正文的写作。其基本思路是：第一段简单介绍一下自己；第二段讲述自己的故事，比如自己在新冠肺炎疫情肆虐时的心理压力；第三段写心理治疗师的干预；第四段写一段时间后发现效果很明显，帮自己解决了什么样的问题；第五段结尾时告诉大家要正确面对疫情。创作原创文章一定要把段落分清楚，整体布局要合理，在写的过程中可以稍微带一些表情符号。另外，文章里面一定不要强行植入广告，因为现在小红书在这方面控制很严格，如果植入的品牌不是小红书的付费商家，它会提示你违规。

以上这些是写爆文的一般思路，当然内容未必就是关于疫情的，内容定位一般要结合产品、热点时节、自己刚需等等。把原创文章做完善了，有了优秀的原创内容，引流成功的概率就会很高。

图片一定要清晰、吸引人，这是非常重要的。尤其是顶图的选择要精

美清晰，尽量使用长图，用户浏览时占屏更大。用户在浏览小红书的时候，顶图在笔记封面的占比有80%，这个时候如果顶图足够吸引人的话，你的点击率会大大提高。要想做出一个点击率高的图片，还要多参考一下同行的首图和作品，从中发现一些规律性的东西。

（2）运营：关键词＋权重＋热搜词

小红书内容要注重关键词、权重、热搜词。关键词是内容最不能忽略的。当小红书平台检测到关键词时，就会启动推荐机制，向经常看这类内容的用户推荐，而这种推荐也可以帮助精准用户通过关键词搜索我们。有的人为了增加用户搜索自己的概率，在内容中插入多个关键字，导致用户不精准，引流效果大打折扣。因此，建议整个内容围绕一个关键词来写，并在标题、开头、结尾等处插入这个关键词。

权重在账号中的重要性是不言而喻的。为了防止商家进行多账户推广和营销，平台会对账户权重进行分析。如果权重太低，就不推荐了，也不排名了，那么账号就做不起来。所以企业一般都喜欢让大V写软文。一方面，大V已经拥有了一定数量的粉丝，其软文可以直接转换成这些粉丝；另一方面，账号具有层次高、分量重、易于推荐和增加曝光度的特点，因而容易引流。

如果我们想建立自己的小红书账户，就要想办法提高账户的权重。有三种办法：其一，通过注册新账户提高权重。新账户的权重并不高，但我们可以慢慢提高。如果想通过注册时间快速提高权重，建议购买在网上注册了很长时间的账户。其二，账号等级越高，权重也就越高，所以要全力做好账号。其三，注意账号活跃度、账号互动。凡是排在前面的账号都有很好的互动，互动越多，喜欢的用户就越多。因此，我们应该在文章的底部留言和回复,并在内容中加入相应的关键词,活跃度高了,互动多了,权重也会提高。

除了用关键词和权重提升排名,还可以根据小红书的热搜词来写内容,每天的热搜词在搜索下的"热门搜索"里。热搜词的运营和关键词的运营一样,在标题和内容里带上热搜词就可以了。

（3）变现：精准引流,实现转化

精准引流有助于变现,小红书平台变现一般采取以下几种方式,如表5-1所示。

表5-1　小红书平台变现方式及操作指南

方式	操作指南
产品变现	小红书的内容主要是分享产品使用后的体验和心得,这对产品来说是一个很好的宣传方式。在内容中分享产品介绍,可以让用户看了之后想买,能够直接变现
账号运营	没有自己的产品可以先运营好自己的小红书账号,等到了权重、排名等数据都不错后,就会有商家联系你,让你对他的产品进行分享和推广,而这是要付费的。只要有内容爆了,用户就会关注你,这个账号也就做起来了
粉丝交易	小红书拥有大量的女性流量,如果发布垂直的内容,粉丝也垂直。只要在文章中留下联系方式,引流过来的就是精准女性粉丝,由此可以做粉丝交易
微信变现	将咨询人群引流到微信上,这一步是最重要的,这是我们变现的最后一步。通过加微信的方式进行变现,可以将自己的小红书号设置为微信号,通过评论进行诱导。如果有人咨询,可以直接私信发图片过去,图片上面就写有自己的微信号

2. 百家号引流：分析用户群体，发布针对性文章

百家号是百度独有的自媒体平台，可以说是百度优势的大集合，在百家号发出的文章，不仅可以在搜索结果中名列前茅，而且可以带来可观的流量。这也是众多自媒体人选择百家号的一个原因。百家号是一个非常不错的引流平台，其引流逻辑是首先确定将要引流的用户群体，然后针对该用户发布文章。

（1）百家号用户群体分析

在百家号引流先要了解百家号上面的用户，然后针对这些用户输出内容，从而被平台推荐，获得流量。

从其他一些平台公布的数据来看，百家号的用户年龄大多是在20岁至30岁，占整个平台很大的比例，其次是年龄在30岁至39岁的用户，还有少量是低于20岁和高于40岁的用户。年轻的用户群体有一定的学习能力，能够轻松接受新事物、新思维，并将文章提供的新思维转化为自己的理解和行动。因此，我们在写文章的时候，应该关注这些不同年龄段用户中更年轻的群体。另外从性别上看，百家号上面的用户主要以男性为主，男女的比例为7∶3。这一数据非常重要，因为文章的写作方法和策略对于男女来说是各有不同的。在男性占很大

比例的情况下,最好集中发出一些男性想看的文章,这样效果就会比较好。

百家号上比较受欢迎的文章不是娱乐八卦,而是科技信息。如果不了解用户的这些阅读兴趣,文章的发布效果就不好。很多人在百家号上做流量之所以效果不佳,就是因为他们不知道用户的阅读兴趣所在。引流需要对症下药,不知道对方喜欢什么是很不明智的。

(2)创作垂直细分领域的内容

所有的内容平台都希望有垂直的、更深层次的内容,百家号也不例外。在分析了百家号的用户之后,下一步就是内容创作。结合用户的年龄、性别和兴趣,确定我们想要引流的用户群体,然后创作有针对性的内容。

在百家号上写文章引流,不要追求每个人都喜欢你的文章,要把差异化这件事做好。在创作内容一开始时就要做好定位,要引什么粉就长期发布垂直领域相关的内容。比如,要吸引体育迷,首先要学会做细分领域,也就是把一个大的领域分成一些小的领域,每天都要按照这些细分板块来推相关的文章。同时,我们需要过滤掉一些过于敏感的话题。

(3)精准流量的方法和技巧

在百家号上做引流也是讲究方法和技巧的,可以采取精准引流、自动引流、文末引流、评论区引流、视频引流等方式,如表5-2所示。

表5-2 百家号引流方式及操作指南

方式	操作指南
精准引流	分析出文章所描述的行业的关键词,通过分析行业关键词来定位核心内容,以利于实现精准引流

续表

方式	操作指南
自动引流	自动引流就是利用熊掌号后台自动回复引流。百家号跟熊掌号属于兄弟平台，熊掌号只需用百家号即可快速登录
文末引流	百家号有严格的审核机制，不允许在内容中插入广告。在这种情况下，我们可以在文章末尾添加委婉一点的引流话术，但文章整体上一定要是纯干货，这种做法平台一般是允许的
评论区引流	在评论区进行引流的关键是保证文章的质量和吸引力，只有好的文章才能吸引读者，评论区集聚了人气，才能实现引流目的
视频引流	视频引流是目前比较火的方式。与文章内容审查的严谨相比，百家号偏重于视频，对视频内容的审查比较宽容，一般只要没有敏感的词汇就可以通过，同时也鼓励创作者积极创作视频内容。作为百家号平台上一种安全有效的方法，视频引流的具体方法，是直接在音频或字幕中添加相关的宣传内容，增加的内容不能太唐突，要自然，让人容易接受

3. 知乎引流：找准领域和用户，做出优质回答

知乎是一个含金量十足的问答平台，每个问题都会有大量干货解答。成千上万的问题几乎涉及各个领域。正因为如此，在知乎一定要学会找准领域和用户，并以优质的回答解决相关问题。

（1）清楚知乎用户，才能输出解决方案

在知乎做引流同样要知道你要"引"谁，需要首先研究目标用户的问题。

相关统计数据表明，知乎用户有不少毕业于名校，也有很多用户是公司的白领精英甚至是创始人，他们的学历、收入和消费都很高。由此说明，知乎用户是社会公认的"三高"群体。针对这样的"三高"群体输出解决问题的方案，首先要定位目标客户，即搞清楚他们是谁，有什么问题。其次是通过自己的经验、技巧、能力等，把解决问题的方案发出去。输出能力是最重要也是最难的，知乎引流拼的不是技巧，拼的是输出解决方案的能力。解决方案可以全部由自己原创，也可以通过收集、整理、加工相关信息，做整合输出。我们要想吸引知乎上的用户加我们微信，关注我们的公众号，沉淀在我们的私域流量池，最重要的是给出优质的回答，成为一个优质的供给方。

（2）知乎引流：提供优质的问题解决方案

明确了"引"谁的问题，接下来就是怎么"引"了。知乎引流方法有很多，下面介绍几种引流方法：内容引流、回答问题引流、养号引流、大V点赞引流，如表5-3所示。

表5-3 知乎引流方法及操作指南

方法	操作指南
内容引流	内容引流关键在于高质量的内容输出，发布高质量的原创文章进行吸粉引流。内容最好引用实例进行说明，并以图文并茂的形式呈现，字数尽量控制在800字至1500字。文章中千万不要留个人微信号，否则平台不推荐
回答问题引流	通过回答问题引流，问题的选择很重要，应择优回答。应注意选择那些流量大、关注度高、排名靠前的问题，也可以考虑那些具有争议性的问题，这样的选择将有助于赢得高曝光度
养号引流	通过去账号批发网购买大量小号，然后分批次对自己的大号给出的答案点赞，以提高大号的权重。不过每次切换账号后需要更换IP操作，否则小号基本都会被封
大V点赞引流	点赞越多越好，反对越少越好。大V点一次赞等于十几个甚至几十个小号点赞。可以找定位领域的大V帮你赞同你的回答，可以找朋友点赞、转发或者有偿的方式来让你的答案排名靠前

4. 抖音引流：新媒体营销中最实用的视频引流方式

抖音视频正火，很多品牌企业也意识到了抖音巨大的营销价值，小米、蒙牛、格力、可口可乐、王老吉、海尔等不少中国五百强品牌都开始入驻抖音。

在抖音的新媒体营销实践中，其引流方式和方法是很多的，如微信导流、内容引流、变现引流等，这些都需要我们认真学习，并积极地尝试自己操作。下面我们就来看看这些方法是如何操作的。

（1）微信导流：微信直接引流＋大小号间接导流

微信是内容生产的第一大户，值得挖掘和耕耘。微信导流就是将用户引流到微信。微信导流有两种途径，一是微信直接引流，二是大小号间接导流，如表5-4所示。

表5-4　微信导流方法及操作方式与案例

方法	操作方式与案例
微信直接引流	利用微信直接引流的方法有很多，比如，在抖音视频图片中放微信二维码、视频背景中融入微信，还可以在简介中、抖音号里、视频描述中、头像中、上传的音乐标题中、私信文案中设置微信号让用户添加
大小号间接导流	直接引流到微信存在被封号风险，通过大小号可以导流到微信。比如，大号视频描述中@小号、大号关注中设置小号、大号喜欢里放小号视频，以及大号与小号的评论互动、合拍互动等

（2）内容引流：有创意的内容才能引来流量

抖音每天有成千上万的视频，而那些火起来的视频通常是最有创意内容的。抖音有许多大咖可以生产出好内容，但具有好创意的内容并不多。有创意的内容不仅可以引流，其视频其播放量和点赞量也会非常高，有时甚至会有上百万个热门视频。创意内容多为自己制作，还有的来源于其他渠道。

这里我们还是先来了解一个有关内容的抖音工具——DOU+。它是抖音为创作者提供的视频加热工具，可高效提升视频播放量与互动量，以及内容的曝光效果，助力抖音用户的多样化需求，具有操作便捷、互动性强、流量优质的优势，如表 5-5 所示。

表5-5 抖音内容引流方法及操作指南

方法	操作指南
自制教程引流	在抖音上可以制作非常多的内容教程，具体的内容如瘦身、美食、美甲、运动、明星、星座、绘画、训狗、速算、魔术、制作手工艺品、穿衣搭配、艺术字签名、手机摄影等等
评论UGC引流	UGC意思是用户生成内容，即用户原创内容。在网络世界里，真真假假让人分不清。当人们购买产品时，首先相信的不是产品有多好，而是注重使用过它的人如何评价它。在这一点上，抖音通过使用者评论这种UGC方法来引流，成功率超高，只需有人不断证明他们使用的产品是真品且好用就可以
组合引流	抖音上的商业干货，大部分用的是一种组合套路，即"专家身份+真人出境+专业知识输出"。也就是说，以专家的身份，用真人出镜的方式输出知识内容，然后再引导读者去热门评论或者去其主页上寻找微信，希望得到专家的指点

第五章 引流推广：引流量进来，推产品出去

续表

方　法	操作指南
评论引流	抖音短视频设有推荐机制：等一条视频上传审核通过后，系统会先将视频进行兴趣分类，将视频推送给经常阅读这类视频的部分用户，而后会根据对该部分人群浏览后的完整播放率、点赞量、评论数、转发量进行数据分析，再根据视频数据质量决定是否继续推荐给更多人群。评论引流就是在抖音评论区发布内容的引流方法。评论引流属于免费流量，想要在评论区用评论的内容引流，第一是内容要互动性强，第二是内容必须有干货。保持高互动性是评论引流的关键；而有干货则属于"优质内容"范畴的问题了

（3）变现引流：广告、产品、内容、知识等

抖音短视频中的变现引流方法有很多，比如广告变现就是抖音官方最认可和支持的。此外还有其他的变现引流方法，如表5-6所示。

表5-6　抖音变现引流方法及操作指南

方　法	操作指南
广告变现引流	在抖音所有的变现方法中，广告变现是抖音官方最认可和支持的方法，因为这种变现行为既不伤害粉丝，也没有为其他平台引流。广告变现的方法是商家在抖音短视频中植入软性广告，需给达人一定的广告费
产品带货引流	通过产品带货实现引流的方式有三种：一是"戳"痛点。如果自己销售的产品是知名品牌，并"戳"用户的痛点和需求，用户大多会买单。二是提供优质内容。如果不是名牌，则可以从内容入手。比如，做护肤的，就发与护肤相关的干货视频，如教人怎么去斑，教人怎样来美白等；做养生的，就发与养生相关的视频；做母婴产品的，就发儿童餐、育儿知识类的视频。三是送赠品。搞"送赠品"的活动，其吸粉并导入微信的效果是十分有效的
内容变现引流	这方面的通用技巧是，如果不知道你做的内容如何变现，那么就去找同行的视频，通过视频添加他们的微信，然后把整个操作流程复制下来，自己去操作
合作变现引流	合作指的是产业合作，是一种培训或咨询+产业合作的方法。通过提供培训、咨询的服务实现引流变现，可以找一些相关产业进行合作，达成异业联盟。这是一种让培训、咨询、项目实施和合作形成一套产业化的方法

续表

方法	操作指南
复购与转介绍引流	复购的实质是持续提供高价值，建立信任。实现复购与引流，需要在前期积累一定的信任。信任度越高，交易价格就越高。后续新一代产品将继续满足用户的附加需求，实现用户再购买
知识付费引流	知识付费的方式可以在抖音平台实现。这种方式早在2016年就已经开始了，这一年称为知识付费元年。当时各大知识付费平台相继出现，知识付费的用户数量迅速增长，知识付费产品呈现井喷状态。现在，很多专业人士都借助抖音平台引流进行知识变现操作，收入也非常可观
线下变现引流	即引导线下实体店变现。著名的案例是摔碗酒视频。"摔碗酒"是陕西南部岚皋县接待尊贵客人的一种仪式，当时有一个关于它的15秒的短视频引发了全民西安游，甚至让西安当地政府与抖音官方签订了战略合作
卖号变现引流	自媒体圈中有一些人靠卖品牌赚钱，他们通过各种引流方式短时间吸粉。一般情况下，吸粉时间为一个月至一年，形成数量后即可销售
微信变现引流	即引流到微信实现变现，实施这种方式的人是非常多的，方法就是前面介绍的微信导流

第五章 引流推广：引流量进来，推产品出去

5. 流量推广：用好官方运营阵地

所谓官方运营阵地，就是我们在前面章节中介绍和分析过的微信公众平台、新浪微博、今日头条号、抖音短视频、百度百家、知乎等等。用好这些官方运营阵地做流量直营推广，能够取得很好的效果。那究竟如何操作？可以根据不同平台各自的特性，如限制少、推荐机制、权重等，采取流量运营、流量派发、SEO、建立 KOL 等方法进行操作。

（1）利用限制少的服务平台做流量运营

微信公众平台、新浪微博等服务平台的特性是没有太多的限制，可以作为我们的官方发声的渠道，进行流量运营。比如在服务平台介绍自己的商品、品牌、创始人、公司新闻等信息，让用户了解我们的各方面信息。

（2）在百度系、知乎等高权重平台做 SEO

SEO 适用于百度系、知乎问答、博客、360 图书馆等高权重平台，如百度搜索引擎上的检索权重非常高，在这些平台上发布的内容更容易被百度收录。由于高权重平台对品牌营销和产品推广有一定限制，因此需要有针对性地进行内容生产，这对 SEO 提升有一定帮助。这里要强调指出的是，SEO 的优化要以解决用户需求为指导思路，最好忘掉所有技巧。

81

(3）生产优质内容，建立 KOL

KOL 就是群主、博主一类的关键意见领袖。建立 KOL 的核心标准是能够生产优质内容。例如，微信公众平台、小红书、知乎问答、抖音短视频等服务平台都非常注重内容，因而这些平台能够产出与用户有关的专业能力内容，培养行业 KOL，以至于成为 KOL 的产出胜地。KOL 生产优质内容的能力下降，将导致当初受其吸引而来的用户流失，可见能够创造优质内容是多么的重要！

（4）营销推广适用于免费平台和网站

在免费平台做营销推广，是一种合理而且可控的营销方法。百度有很大的流量，因此可以在百度知道、百度文库、百度经验等百度系做推广。微博、公众号也可以做各种营销软文推广。免费分类网站如 58 同城、赶集网、百姓网、列表网、今题网、114生活网、百业网等也可以考虑，因为这些网站虽然权重低、流量少，但利用它们营销推广简单、快速、省力。

（5）借助网站优化和论坛发帖做 SEO 营销推广

在官方网站做 SEO 是一种有效的引流方法，官网优化时间长且效果慢，而一旦优化则权重稳定。此外，还可以以各种小型社区论坛、博客帖子、留言板等的互动交流方式，来实现曝光。

6. 社交媒体推广：人群喜好是关键

社交媒体用户根据自己的兴趣爱好给自己贴上各种标签，并根据标签分成不同的群体和小圈子，分布在不同的社交媒体平台上。因此，做社交媒体推广，就不能忽视用户分布的平台及用户标签，要根据人群喜好来做推广。

（1）在热门论坛发帖

在百度贴吧、豆瓣电影、知乎问答、天涯论坛、凤凰网论坛、西祠胡同、猫扑论坛等这些流行的热门论坛内发帖子，能够在受欢迎的帖子影响下获得非常好的效果。值得一提的是，很多电子城社区论坛是"商品体验师"的聚集地，好的商品容易得到迅速关注。

（2）在垂直社区做推广

垂直社区有母婴行业的妈妈网、旅游服务业的马蜂窝、餐饮业的大众点评网、电子商务行业的淘宝垂直社区等。这些垂直社区分布着一群特定用户，他们喜欢讨论的内容，与产品的关联性比较高，并且具有专业性，也注重落地效果。我们在做推广引流时，那些与行业和群体有关的垂直社区，是我们不应错过的推广方式。

（3）在垂直社群做营销

这里的垂直社群不是那种娱乐、八卦等"泛内容"的社群，而是更为细化的垂直社群，其最大的特点是共享的内容精益求精，共享者愿意与社区成员一起研究信息，并及时跟踪此类信息的进展。这类垂直社群有QQ群、微信群、微博热门话题组、豆瓣小站等等。针对这些垂直社群中的用户群体进行营销推广，其效果是可期的。

第五章 引流推广：引流量进来，推产品出去

7. 付费广告推广：要注重投资回报率

新媒体广告推广有许多类型，每种类型、每个渠道的收费都不一样。做付费广告推广要想获得理想的回报，就需要了解目前主流的投放模式，围绕回报率采取适当的方法。

（1）目前主流付费广告推广模式

新媒体广告推广目前已经形成了许多成熟的模式，如CPA、CPC、CPM、CPS、CPL、CPT、CPD等（见表5-7）。下面就来简单描述一下它们各自的推广方式。

表5-7 新媒体广告推广七大模式

模式	简介
CPA	每次行动成本，按回收的有效问卷或订单来计费，而不限广告投放量，是网络中最常见的广告形式之一
CPC	每次点击成本，按点击付费，以点击量计费。当用户点击某个网站上的CPC广告后，该站站长就会获得相应的收入。网民的每一次点击就会为广告主带来真实的流量或是潜在的消费者。是网络中最常见的广告形式之一
CPM	千人成本，是一种按照千次曝光进行计算收费的方式，假设收费方式为10元/CPM，那么每一千个人看见推广广告，你就需要给推广商支付10元。这是目前比较流行的推广方式之一，可以有效增加曝光率

85

续表

模式	简介
CPS	每次销售成本,按实际销售产品数量来付费,广告主为规避广告费用风险,按照广告点击之后产生的实际销售笔数付给广告站点销售提成费用。这种模式更适合购物类App进行推广,但是需要精确的流量进行数据统计转换,很多软件都通过此类方式成功推广
CPL	每个潜在客户的成本,按收集潜在客户名单多少来付费,是每次通过特定链接,注册成功后付费的一种常见广告形式。即我们通常说的引导注册
CPT	时间成本,通过时间进行收费,多数以月或星期进行计算,是主流推广方式之一
CPD	CPD代表两种含义的收费方式,一是每次下载的成本,二是每日费用。可以按照下载量进行收费,也可以按照天数进行收费。不同的推广网站其收费方式也不同,在广告投放前需要进行详细了解

（2）付费回报率较高的广告推广方法

了解新媒体广告推广模式的最终目的,在于采取适当的方法来获得投资回报。较高回报率的广告推广方法有SEM广告、联盟广告、解屏硬性广告、信息流、新闻媒体宣传策划、KOL广告等,如表5-8所示。

表5-8 高回报率的广告推广方法及操作指南

方法	操作指南
SEM广告	SEM付费比较合理,且独具特色。除关键词竞价和品牌专区外,别的方面如需求方平台的效果需要检测认证
联盟广告	这是帮助广告商在别的网站或新闻媒体如百度网盟、搜狗搜索网盟、360网盟进行广告营销的一种方式
解屏硬性广告	即在超级App的开屏位、banner位、内容页等地区出现一张照片的广告内容
信息流	发布信息流的服务平台有手机微信、新浪微博、粉丝通、广点通、今日头条、抖音短视频等,这些信息流能够按群体特性挑选推广。有两种付费方法,分别是按点击量付费和按展现次数付费
新闻媒体宣传策划	这种方法适合用于创建企业形象。即根据行业新闻媒体的采访、报道等稿子,来传播品牌及传播广度

续表

方法	操作指南
KOL广告	主要指行业KOL的背书广告。微博、手机微信等服务平台粉丝量高的账户，由于能够通过输出优质内容而变成了KOL账号。它们接广告一般包含软文推广和直接硬广等方式

8. 推广策划案撰写：定位用户、确定策略、选择载体、安排执行

新媒体运营是利用新媒体平台进行品牌推广、产品营销的运营方式。即通过策划品牌相关的具有优质、高度传播性的内容和线上活动，向用户推送消息，提高用户参与度，提高品牌知名度。在这之中，推广策划案的撰写是必不可少的。一个合格的新媒体推广策划方案，应该包括定位和分析目标人群、根据目标人群确定推广策略、选择合适的载体、安排执行这四个部分。

（1）定位和分析目标人群

一个好的营销推广计划必须有自己的目标人群，并且这个目标人群必须与自己的产品相匹配。这需要先做好自己的产品定位，产品定位就是确定产品的核心卖点和目标受众，要明确是什么产品、提供给谁、解决了用户的什么问题等。产品定位后，要据此来分析目标人群的年龄、性别、属性、兴趣标签、信息接收的渠道等。只有做好了这些工作，才能为方案的落地实施做好铺垫。

（2）根据目标人群确定推广策略

找到了目标人群后，就要确定推广策略。要根据目标人群的兴趣标签

和接收信息渠道来确定，包括推广时间、推广方式，以及用怎样的创意来引发用户的自主分享，用怎样的奖励来引发用户的线上转线下行为等。

推广策略还涉及预算问题。要针对每个推广周期所涉及的推广细项做预算，预算越精细越好，这样可控性更强，执行效果更明显。

（3）选择合适的载体，才能收到效果

载体指的是图片、文章、视频，以及新媒体渠道或平台，这是必须要考虑的问题。图片、文章、视频等都是内容，是采用图片、文章的形式来呈现，还是采用长视频或者短视频的形式来呈现？策划方案要着眼于内容的效果，根据数据来分析受众的喜好，选择相应的载体，以便生产出他们喜闻乐见的内容。

新媒体渠道或平台也有很多，比如微信公众号、微博、今日头条、知乎等，渠道或平台的选择，要将内容放在合适的分发渠道去展现。这需要了解渠道或平台的运作方式与特性，也要了解目标人群的构成、兴趣等，然后选择适合自己的渠道。

（4）安排执行的各项具体工作

安排执行工作的目的是将内容与媒体资源对接。以渠道测试为例，要将同一份内容放在几个不同的渠道上，看哪个渠道的转化效果好，就能知道目标用户都活跃在哪个渠道。做好了测试就能找到转化率高的渠道和内容，这时候就应该考虑怎么去把内容在渠道的效果放大，获取更多的有效流量。

总的来说，安排工作就是将什么时间、什么人、做什么事情、要达到什么效果等一一列出来，让所有看到这个方案的人，都知道自己该在什么时候做什么事情，通过这个事情能达到什么效果。

第六章
数据监测：
通过数据分析，
定方向、降成本、节开支

做新媒体运营需要数据分析，它可以帮助我们解决很多问题，如定方向、降成本、节开支等。本着通过对"用数据分析玩转新媒体运营、数据分析基本步骤与数据加工处理、新媒体小白必知的公众号数据分析实用技巧、用数据分析搞定微信公众号的定位和内容规划、新媒体运营必备的数据分析工具"这几个议题的讨论，告诉你如何利用数据分析这一利器，来帮助你做好新媒体运营。

1. 用数据分析玩转新媒体运营

新媒体运营需要数据支撑，有了数据反馈才能做新媒体运营。数据可以指导我们的下一步运营行为。如果文章发布出去后，数据统计的阅读量低于平均阅读量，那我们要知道这篇文章是内容本身的问题还是渠道方面的问题，或者说推送的方式不正确。如果内容本身有问题，就要对内容进行调整和优化。此外，通过数据还可以看到评论数量，看看大家对这篇文章是否产生情感共鸣；还可以通过点赞的数量，看用户对文章及你这个人的认可。在这里就和大家分享一下如何用数据分析玩转新媒体运营。

（1）新媒体数据主要来源与数据指标类型

新媒体数据的主要来源是微信数据、微博数据、今日头条数据、网站数据等。做数据分析时使用频率最高的就是这些数据。从分类上说，这些数据可分为用户数据和内容数据两大类型，因此新媒体数据指标主要指的是用户数据指标和内容数据指标，如表6-1所示。

第六章 数据监测：通过数据分析，定方向、降成本、节开支

表6-1 两大类新媒体数据指标

类　型	指标及含义
用户数据指标	（1）累计用户，指的是触达我们账号的总用户量；（2）新增关注人数，即所谓涨粉数，推广、拉新活动都是为了涨粉；（3）取消关注人数，这个数据中一定程度上反映了用户黏性；（4）用户来源，搜索、阅读关注的用户来源，可以反映拉新方式的效果；（5）用户属性，从性别、年龄、地域、职业、兴趣等各个方面帮助我们给用户画像，以更准确地把握选题，打磨调性风格，选择活动形式等
内容数据指标	以微信公众号为例，（1）图文发布数，定时定量输出能在一定程度上保证用户的活跃性和黏性；（2）阅读量，传播效果的直接体现，是重要的KPI之一；（3）评论数，反映文章质量的指标之一；（4）分享转发数，反映文章的质量和传播性，是最能体现新媒体自传播特点的指标；（5）二次传播数，指从朋友圈看到后再次分享转发的行为，非常直接地体现内容的传播力和影响力；（6）点赞数、收藏数，都是反映文章质量的指标；（7）文章阅读来源，反映了用户在什么场景下阅读的文章，如公众号内阅读、朋友圈阅读、好友转发、历史信息等，由此也反映出文章的特点；（8）原文阅读量，反映文章的转化率

　　值得一提的是，运营人员为了保存数据资产、便于分析，会定期在后台将数据下载到Excel表格中，进行汇总处理。很多时候，一些企业会操作多个新媒体平台，有时同一个平台上会有多个账号，这给数据采集和数据整理带来了很大的工作量和难度，如果选择好的数据分析工具，就会事半功倍。当然，选择的数据工具要能够自动化获取数据和整合数据，以及自助化的可视化分析。对于自动化及自助化，本章在"新媒体运营必备的数据分析工具"一节中介绍的工具就分别具有某项功能。

（2）运用数据分析应用场景中的渠道和内容

　　要运用数据分析玩转新媒体运营，就要本着数据驱动的宗旨，打造新媒体应用典型场景。尤其是在渠道和内容这两个方面，运用数据分析，可

以选择渠道和运营渠道，而对于内容，则可以深入业务场景，确定优化方向。

先来看渠道方面——

在运营之初，可以先拿少量数据测试渠道，也就是将同一份内容放在几个不同的渠道上，看哪个渠道的转化效果好，就能知道目标用户都活跃在哪个渠道。做好了测试就能找到转化率高的渠道和内容，这时候就应该考虑怎么去把内容在渠道的效果放大，获取更多的有效流量。

把渠道做到一定程度时，我们会发现不同的渠道有各自不同的偏好。此时，可以将用户属性数据、不同文章阅读数据等数据指标在各个渠道间进行横向比较，由此来了解不同渠道的受众特征和传播特征，从而为下一步有针对性的运营提供数据依据。

再来看内容方面——

为了写出好内容，很多人绞尽脑汁、索尽枯肠，使出浑身解数，有的甚至单纯地蹭热点、追热词、爆槽点，结果变成了无底线、无节操的标题党。怎么办？数据分析可以助力！运用数据分析，可以指导内容生产者找到优化内容的方向和方法。

例如，优化微信公众号的文章内容，我们可以将这篇文章的质量拆分成选题质量、标题质量和传播质量这几个指标，然后运用大数据进行分析，如表 6-2 所示。

表6-2　大数据分析微信公众号文章的选题质量、标题质量和传播质量

事项	大数据分析
选题质量	大数据分析可以帮助我们对比文章的阅读量，找出高于平均阅读量的文章，研究这些文章在选题方面有哪些共性

续表

事项	大数据分析
标题质量	标题的好坏和公众号内打开率有关，即公众号阅读人数或送达人数。要比较文章的打开率，就要研究那些吸引眼球标题的特性。但不能为了打开率变成标题党
传播质量	我们可以拿不同的文章对比转发率，研究那些有高传播度文章的特点。标题影响打开率，内容影响转发率。因此可以将转发率和打开率放在一起进行对比分析，如果文章的转发率明显高于打开率，可能是文章虽然有优质内容而没有配上与其相当的好标题。当然这里还可能有发文时间的原因，因为发文时间在一定程度上也会影响打开率，比如在下班之后发文的打开率会高

总之，要想让数据分析在新媒体运营中真正发挥作用，数据分析必须深入到应用场景之中，通过逐步深入的分析，找到问题所在，提出解决方法，最后用数据去验证，从而真正实现数据驱动。

新媒体运营——电商人从零开始学运营

2. 数据分析基本步骤与数据加工处理

做新媒体运营，每天都会遇到大量的数据，如粉丝数据、流量数据、转化数据、下载数据等，其中有大量无意义的数据。如果对所有数据进行统计分析，那么运营效率将受到很大影响，也会造成资源的浪费。因此，有必要对数据进行有针对性、系统性的挖掘和分析，使数据真正服务于新媒体的运营。

（1）新媒体数据分析六部曲

很多人在真正接触到数据时，常常不知道怎样去分析，原因就是没有分析框架与分析步骤。数据分析需要哪些步骤呢？目前公认的数据分析步骤包括明确问题、数据收集、数据处理、数据分析、数据展现、报告撰写等，也叫数据分析六部曲，如表6-3所示。

表6-3 新媒体数据分析六部曲

步 骤	实操指导
明确问题	明确数据分析中需要解决的问题，然后将这些问题分解成几个不同的分析点，以此确定分析的角度和应该使用的分析指标。同时，要确定分析对象、分析方法、分析周期和预算，以确保分析的结果达到本次分析的目的
数据收集	根据确定的数据分析框架来收集相关数据。需要收集的数据来源有自有数据库、市场调查数据、数据服务公司提供的API接口数据、中国统计网等网站的数据、网络爬虫技术获取的数据等

第六章 数据监测：通过数据分析，定方向、降成本、节开支

续表

步　骤	实操指导
数据处理	对收集的数据进行加工处理，即针对大量杂乱无章的数据进行过滤、修正、分组、合并、计算、检索、取样等，从中抽取到便于后续分析的有用数据。使用的工具有Excel、SQL、Python、R语言等
数据分析	使用适当的分析方法和工具，对收集来的数据进行分析，提取有价值的信息，形成有效结论。常见的分析工具有SPSS、SAS、Python、R语言等，此外还有一些针对回归、分类、聚类、关联、预测等的分析模型。通过这些工具和模型，可以从中发现数据中的规律
数据展现	一般多通过表格和图形的方式来呈现数据的关系和规律，让人一目了然。表格和图形能更加有效、直观地传递出数据所要表达的观点，如饼图、柱形图、条形图、折线图、气泡图、散点图、雷达图、矩阵图等图形
报告撰写	撰写数据分析报告，要在一个既定的分析框架中，结构清晰、主次分明，以让人正确理解报告内容；并且图文并茂，令数据更加生动活泼，有视觉冲击力，以让人更形象、直观地看清楚问题和结论，从而产生思考

（2）新媒体数据分析方法

新媒体数据在经过上表中第三步的加工与处理后，具有了可分析性，需要进入下一步工作：分析。因此这里的分析方法，其实是新媒体数据分析六个步骤中第四步用到的方法。

常见的数据分析方法有直接评判法、对比分析法、分组分析法、结构分析法、平均分析法、矩阵分析法、漏斗图分析法和雷达图分析法，如表6-4所示。

表6-4　新媒体数据分析方法简介

方　法	实操指导
直接评判法	直接定义近期阅读数、销量及当日文章推送量是否正常等这些数据的好与坏。该方法要求运营人员有丰富的新媒体运营经验，同时数据本身足够直观，可以直接代表某个数值的优劣。这是两个硬性要求，如果缺少其中之一，都不能用直接评判法

续表

方法	实操指导
对比分析法	将至少有两组及以上的数据进行对比，分析它们的差异，进而了解这些数据所包含的规律。这种方法更适用于对运营质量的一个考核。可以从横向上对同一时间段的不同数据指标进行对比分析，也可以从纵向上对不同时间段的同一数据指标进行对比分析
分组分析法	按照属性指标（如人的姓名、部门、性别、文化程度等指标）和数量指标（如人的年龄、工资水平、企业的资产等指标），将数据总体划分成几个部分，分析其的内部结构和相互关系，从而了解事物的发展规律
结构分析法	又称比重分析法。即分析总体内各部分占总体的比例是多少，属于相对指标。一般来说，某部分的比例越大，说明该部分重要程度越高，对总体的影响越大
平均分析法	首先分析代表性数据的平均指标，以反映目前运营所处的水平；然后再对不同时期运营数据的平均指标进行对比，发现和说明运营的发展趋势和变化规律。注意，平均指标相对于其他数据指标来说更具客观性，可以帮助运营者预测接下来的趋势和规律
矩阵分析法	以两个重要的数据指标为依据，并将其设定为横坐标和竖坐标作图，从而更直观地找出解决方法，为运营者提供数据参考。日常我们常用到的经典的"做事分轻重缓急"的例子（见图6-1），就可以采取四象限的方法
漏斗图分析法	漏斗图其实就是一个倒立的金字塔形，其方法是把总结好的相关数据填进去。以公众号的文章为例，可以从上到下在金字塔中依次填写文章呈现的渠道、原文点击、原文访问、文章带来的产品咨询、转化即订单的相关数据（见图6-2）。这样，就可以直观地看出文章每一步转化的情况
雷达图分析法	通常用于指数分析，是百家号、百家指数、大鱼号等自媒体平台常用的方法，用以评判账号的权重。对于影响新媒体运营发展的目标、反馈、优化、执行、权限、领导等六大因子（见图6-3），也可以使用这种方法来展示

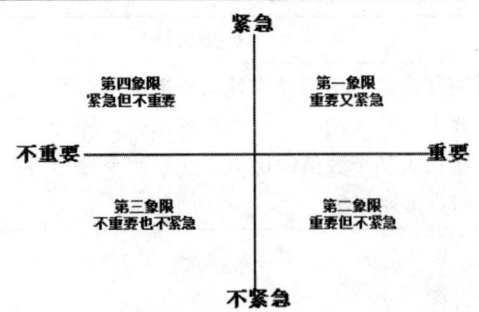

图6-1 "做事分轻重缓急"的四象限矩阵图

第六章 数据监测：通过数据分析，定方向、降成本、节开支

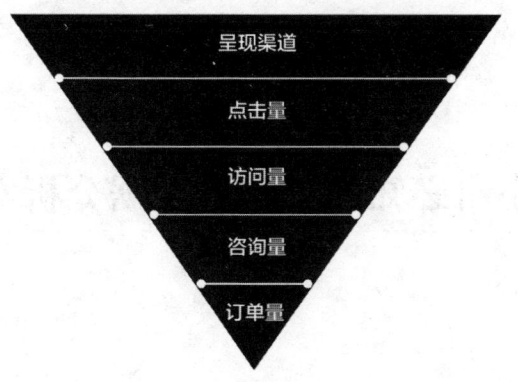

图 6-2 公众号文章的呈现渠道、点击量、访问量及咨询量、订单量的漏斗图

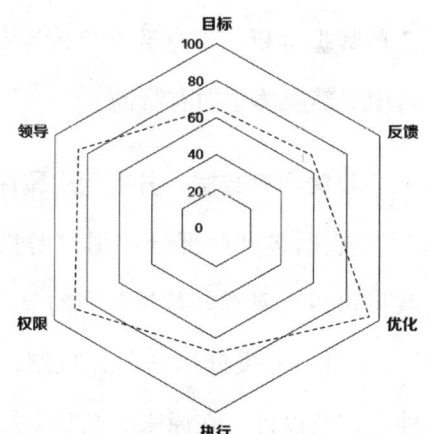

图6-3 新媒体运营发展六大影响因子的雷达图

99

3. 新媒体小白必知的公众号数据分析实用技巧

公众号数据分析让许多小白伤透了脑筋，甚至有人直接怀疑自己的智力水平。这里将从各方面获得的与公众号数据分析密切相关的用户数据分析、图文数据分析、菜单数据分析、消息数据分析等资料整理成一份数据分析技巧分享出来，希望对新媒体小白有帮助。

（1）用户数据分析：收集用户数据，分析用户属性

用户数据分析涉及的数据包括两部分：用户增长数据和用户属性数据。通过这些数据，我们可以查看粉丝数量和当前公共平台用户画像，更重要的是明确内容投放渠道，并设计用户增长机制，诸如对渠道进行内容、活动、运营等各种方式的设计，在原来的基础上加大宣传力度等。

先来看用户增长数据。

用户增长的核心数据指标包括新关注人数、取消关注人数、净增关注人数和累积关注人数。其中，新关注人数最能够反映公众号的整体质量。很多人都容易忽略新关注人数的数据，其实它们是高价值的数据。如果新关注人数相比平时有明显增加，就说明这篇文章的内容是用户喜欢的，或者我们采取的推广是有效果的。据此，我们可以多准备相关方面的内容并加以推广。

第六章　数据监测：通过数据分析，定方向、降成本、节开支

收集新关注人数的数据可着眼于搜一搜、扫描二维码、图文消息按钮、公众号名称链接、名片分享数据、支付数据、其他数据的关注，如表6-5所示。

表6-5　新关注人数数据的分析及实施

事项	实施指导
搜一搜	通过微信应用程序中的搜一搜功能，检验公众号推广、曝光力度；检验公众号名称是否符合SEO规则要求，是否有利于被搜索到。根据这方面的数据，我们可以在推广加强力度，还应给自己取一个自带流量的关键词，比如"美女""狼人杀""王者荣耀"等高搜索量的词汇，以此来提高公众号来自搜索的关注量
扫描二维码	二维码包括在线二维码和离线二维码。扫描线上二维码，一是检查线上公众号二维码的强度，如视频广告、微博、软件推广、QQ群推广、网络活动等；二是测试公众号本身的力度或移动终端的公众号二维码宣传力度，如图文的内部诱导情况、大号合作、互推合作、移动终端的线上活动等。扫描线下二维码，可以查看线下推广力度和效果，如宣传单、商品包装盒、快递、线下推广促销活动的海报等
图文消息按钮	在阅读文章的界面，右上角菜单中有一个"查看公众号"按钮，通过它即可进入公众号主页查看图文消息，这个按钮隐藏较深，所以很多人不知道它
公众号名称链接	图文页内有公众号名称的链接，关注这个链接很方便，点击一下就可弹出关注界面。如果这个数据占比越高，说明你的内容越优质，获得了读者们的认可。因此，很多公众号会在文章开头提示用户通过此方式来关注公众号
名片分享数据	名片分享其实是一种口碑传播方式，即用户主动将公众号推荐给朋友或者分享到群。如果这个数据的占比高，说明这个号的内容、服务、体验等整体质量较好。我们在做产品销售时，也会指引用户来关注我们的公众号，这也是名片分享的一种方法
支付数据	支付数据必须是认证过的服务号，而且开通了微信支付功能。用户通过微信付款后会默认关注该公众号
其他数据	其他数据的关注包括：朋友圈广告关注、被转载文章的图文末尾快捷关注、微信摇一摇周边领卡券关注、通过关键词进行模糊搜索关注。这些方面的数据量很小，所以是用得不多的关注方式

再来看用户属性数据。

用户属性数据对于内容运营具有非常强的指导性作用。主要包括用户的性别分布比例数据、省份分布数据、终端分布数据及其他运营数据（见表6-6）。如果性别和地区数据明显偏向于某一部分人群，则可在做内容时进行有针对性营销。

表6-6 用户属性数据的分析及其实施

事项	实施指导
性别分布比例	每个公众号的男女比例都与行业特性息息相关，据此可以对文章的风格有所侧重地进行调整。如果男性用户占比较大，就不要选择卖萌、发嗲、可爱的网络语言
省份分布数据	省份分布也包括城市分布。这方面的数据极具参考价值，通过这些数据我们可以非常清晰地知道自己在各个城市的业务能力，据此数据就可以做关键性的重要决策
终端分布数据	这方面的数据能够帮助我们预测用户购买力状况，以便后续调整产品价格定位。事实上，即使是相同的标题和封面，在不同的手机上也会显示不同的效果。以终端设备iPhone8用户为例，如果我们发现iPhone8拥有最多的用户，我们会将整个图片和文字的布局、图片大小、标题的长度调整到iPhone8上最满意的状态，以打造最适宜阅读的图文，提升用户体验
其他运营数据	用户画像数据还可以通过其他运营手段来获取，如通过社群运营、微博工具等拉近与用户之间的关系；或者通过活动运营适当地收集用户的相关数据等。了解用户才能生产出符合用户口味的内容

（2）图文数据分析：分析单篇图文和全部图文的数据

图文数据的核心数据指标包括送达人数、图文页阅读人数、图文页阅读次数、分享转发人数、分享转发次数、微信收藏人数、原文页阅读人数和原文页阅读次数。我们可以在微信公众平台查看自己发布的微信文章送达给多少人，有多少人阅读、点赞、转发等，公众号的打开率也可以通过

第六章 数据监测：通过数据分析，定方向、降成本、节开支

平台的一些数据获知。

图文数据包括单篇图文数据和全部图文数据。单篇图文数据是对单次推送的图文数据分析，全部图文数据是对公众号整体内容质量的分析。在微信公众平台点击单篇图文详情分析，可查看公众号文章一次及二次传播数据、阅读来源数据等，如表6-7所示。

表6-7 单篇图文数据分析及其实施

事 项	实施指导
一次传播数据	即用户阅读文章的打开率（公众号会话阅读率）或分享文章的转发率（公众号会话分享率）。一次传播转化率越高，说明文章内容越受到现有粉丝的喜欢
二次传播数据	即用户在未关注公众号的情况下，在朋友圈点击阅读或者在朋友圈再次分享传播的行为。与一次传播相比，二次传播更能够说明该篇文章推送的传播力和影响力，是深度传播，比一次传播的数据更有价值
阅读来源数据	它是图文数据分析中非常关键的数据指标。目前公众号阅读来源有公众号会话、好友转发、朋友圈、历史消息，以及按照微信官方解释的微信自定义菜单、页面模板、微信搜索、朋友圈热文、关键词回复、文章内部链接、微信收藏等阅读来源。通过分析阅读来源，可以推测出读者的阅读场景，知道他们是在哪个渠道看到文章的，方便我们做运营优化

全部图文数据分析指的是分析该公众号发出去的所有图文在该时间段里的所有阅读数据，主要包含图文页阅读次数、原文页阅读次数、分享转发次数、微信收藏人数这四项核心数据指标，如表6-8所示。

表6-8 全部图文数据分析及其实施

事 项	实施指导
图文页阅读次数	一定时间内所有图片和文本的阅读次数
原文页阅读次数	点击文章左下角阅读原页的次数。这一数据是对用户黏度和本文内容质量的检验

续表

事 项	实施指导
分享转发次数	标题决定读者是否点击,质量决定文章的转发量。标题和内容会相互影响
微信收藏人数	被收藏用户的文章数。干货类、工具类、教程类的内容被收藏的可能性较大

值得一提的是,小时报数据在图文数据分析中具有重要意义。小时报代表一天24小时中你的公众号流量情况,能够比较好地体现用户的活跃时间段,这个数据值得好好统计,至少要按月分析。对小时报数据分析,我们首先要明确常量,再用变量来对比,找出规律,从而确定最适合的推文时间。

(3)菜单数据分析:**根据用户兴趣来规划内容运营**

在微信公众平台可查看微信公众号会话页里的一级菜单以及子菜单的点击情况。菜单栏是公众号提供服务的关键入口,其核心数据指标包括菜单点击数、菜单点击人数和人均点击次数等。

关于菜单栏数据分析的应用,建议在设置菜单栏的时候,将子菜单的内容同级分类,以便了解哪一个品类的产品更受用户欢迎。比如服装类的女装、男装、儿童装等,文学类的情感专栏、故事专栏、时事专栏等。通过分类产品,可以调查用户最感兴趣的是什么,从而更好地进行内容运营。

(4)消息数据分析:**分析粉丝反馈的关键词,改善运营质量**

在微信公众平台可查看粉丝在公众号回复消息情况。可以根据小时报/日报/周报/月报等数据查看相应时间内的消息发送人数、次数以及人均发送次数。消息数据分析的核心数据指标包括消息发送人数、消息发送次

第六章 数据监测：通过数据分析，定方向、降成本、节开支

数和人均发送次数。

在消息分析过程中，可以帮助我们分别查询7天、14天、30天里，前200名的消息关键词是什么。关键词回复分析有助于得出用户与平台互动的频率、文章的回复率，对我们分析文章的质量有很好的帮助。除此之外，通过关键词的分析，可以找出用户的主要疑惑点并做好答疑解惑，以此来提高客服工作效率。这是我们做这一部分数据分析的主要目的。

4. 用数据分析搞定微信公众号的定位和内容规划

许多人尤其是新媒体新手在微信公众号运营中常常出现很多问题，如账号定位与内容不相符、文章阅读量忽高忽低、文章内容不容易得到分享等。要解决这些问题，就需要我们对微信公众号的整个运营过程进行数据分析，通过数据驱动来搞定公众号的定位和内容规划。

（1）用数据分析搞定微信公众号的定位

定位有三个含义，第一，你是干什么的？第二，你能给用户提供什么价值？第三，你的长处是什么？因此，微信公众号的定位应该包括人群、行业、功能和内容等几个要素。对这些方面进行数据分析，就可以搞定微信公众号的定位，如表6-9所示。

表6-9　微信公众号关于人群、行业、功能和内容定位的数据分析

事项	实施指导
人群定位	在微信公众号未建之时，就要通过数据分析来获取目标人群的基本信息，包括年龄、性别、阅读偏好、分布的渠道或平台等。比如阅读偏好直接关乎文章阅读量的高低，因此它是重中之重，要通过数据分析，获取粉丝即目标用户的相关信息。通过数据分析，可以精准到某一类人群，并将自己的公众号产品或内容推送给他们
行业定位	通过数据分析，确定将来要营销的产品或服务属于哪一个行业，然后将其作为公众号的方向。这是比人群定位更容易让大家理解和接受的定位技巧

第六章 数据监测：通过数据分析，定方向、降成本、节开支

续表

事项	实施指导
功能定位	产品是定位的基础，而产品的功能则是定位的核心。功能定位就是公众号的产品是按某种功能为主推的。如果养生是你的专长，就将公众号定为养生号；如果股票是你的专长，就将公众号定为股票交流号；等等。功能号容易吸引人群，商业价值很大，并且这类公众号的粉丝忠诚度高，不易掉粉
内容定位	微信公众号内容的主要分为有用、有趣、有共鸣。通过数据分析，确定我们给目标人群提供什么样的内容。最好在一开始先确定一个唯一的点，比如有用，也可能是有趣。确定了这一点后，可以再确定一下内容涉及的领域，领域越垂直越好

（2）用数据分析搞定微信公众号的内容规划

上述已经搞定了微信公众号在人群、行业、功能和内容等方面的定位，同时也获得了这些方面的相关数据，这是我们接下来进行公众号的内容规划的依据。具体包括内容调性、公众号名称、栏目规划、菜单设置、内容生产、吸粉渠道几个操作模块，如表6-10所示。

表6-10 数据分析支持下的微信公众号内容规划

事项	实施指导
内容调性	内容调性的要素有语言风格、主题色彩和版式设计。公众号的语言风格就是"文风"，如严肃、活泼、幽默等，要根据目标人群特点来确定。主题色彩即在不同的文章或栏目中搭配与人群心理相适应的颜色，或安全舒适的，或独特个性的，等等，以满足用户的情感诉求。版式设计整体风格要生活化，比如在映衬一些热烈、凸显张扬的文字时用很多特别的颜色，以突出生活的多彩
公众号名称	公众号起名应注意以下几个方面：一是依据公众号定位和目标人群阅读喜好选定关键词，然后突出显示，以便让目标人群知道公众号的内容定位，打响自己的品牌；二是名称长度最好是3个字到6个字，太短太长都不好，名称中也不要有各类符号，否则粉丝很可能会因打字困难而中途放弃关注；三是取名风格要与定位相符，主要是根据公众号定位和风格调性来确定
栏目规划	以目标人群的显性需求和隐性需求为依据，对内容进行分类，比如小说类、短文类、互动类等。要注意设置成固定栏目，以便让用户记住我们每天会推送哪些栏目、哪些内容，在潜移默化中影响用户

续表

事项	实施指导
菜单设置	公众号的菜单设置要有助于整个运营环节拉新、留存、促活、转化。同时要结合用户画像、风格调性和栏目规划进行考虑。要注意把曝光量最高的菜单位置留给最需要展示的内容
内容生产	关于内容生产，理论上可以总结一句话：根据公众号的用户画像、定位、调性及栏目规划来确定。从一般的路径来看，公众号运营初期主要是以专业生产内容（PGC）为主，达到一定规模之后会有部分的用户生产内容（UGC），后期实现了商业化就可以向职业生产内容（OGC）迈进
吸粉渠道	很多微信公众号运营者现在都通过吸粉渠道给自己吸粉。在这之中，交换资源互推、定向软广发帖、到用户相同的垂直网站获取粉丝，还有花钱做广告等外部拉新获取的方式，相对来说效果比较好

（3）定期对微信公众号定位及内容规划做好调整

公众号的定位和内容规划并非一成不变的，需要我们实时监测用户及渠道的变化情况，并定期对其进行定量调整和定性调整，如表6-11所示。

表6-11 定期对微信公众号定位及内容规划的定量调整和定性调整

事 项	实施指导
定量调整	是对内容规划的调整。根据一段时间内发布文章的阅读量、点赞量、收藏量、打赏量的数据，分析和识别内容的题材质量，然后通过增删调润，对内容实行优胜劣汰制
定性调整	是对目标群体的调整。基于用户情感需求的挖掘，从性别、年龄、地域等维度，关注重点粉丝的昵称、头像、签名及近一段时间朋友圈所发内容，并给每个粉丝打上兴趣标签。这样定位调整的准确度会更高

5. 新媒体运营必备的数据分析工具

数据分析的工具有千万种，随便在网上问一下"度娘"便知道，每一种工具几乎都可以写一本书。综合起来，新媒体运营工具的目的不外乎分析设计、数据收集、数据处理、数据分析、数据展现、报告撰写等几个方面。为了弥补技术小白和数据分析小白技能上的匮乏，本文介绍一下针对各大自媒体平台的第三方数据分析工具和自媒体后台工具，并对几种常被提到的新媒体实用软件特征进行了比较。

事实上，下面介绍的所有工具，某种意义上讲并不是狭义上的"工具"，而是我们的工作助手，准确说是促进和达成新媒体运营效果的一种手段。同时，这些工具并非就是最好的，只是比较常用的，而每个工具都有自身的特点，适合自己的才是最好的。

（1）针对各大自媒体平台的第三方分析工具

什么数据最值得我们去关注？是各大自媒体平台的数据，它是整个新媒体运营中最有价值的数据。而针对各大自媒体平台的第三方数据分析工具（见表6-12），可以帮助我们解决定方向、降成本、节开支等很多问题。

表6-12 针对各大自媒体平台的第三方数据分析工具

工 具	简 介
清博大数据	清博大数据拥有清博指数、清博舆情、营广公品等多个核心产品，提供微信、微博、头条号等新媒体排行榜、广告交易、舆情报告、数据咨询等
新榜	互联网渠道的价值标准，它以日、周、月、年为周期，按24个大分类，权威发布以微信为代表的中国各自媒体平台最真实、最具价值的运营榜单，方便用户了解新媒体整体发展情况，为用户提供有效的参考导向
神策数据	多维度数据实时分析，包括事件分析、漏斗分析、留存分析、分布分析等八大分析模型，轻松搞定数据分析需求，可以调整运营策略，提高运营效果
GrowingIO	它是基于用户行为的新一代数据分析产品，实时采集用户行为数据，可视化实时出图，帮助运营人员灵活定制推广方案
伯格运营	堪称运营助手、运营管家。对于企业来说公众号运营的安全很重要，有了伯格运营质量诊断，再加上违规文章库，为公众号的健康起到保驾护航的作用
百度指数	它是以百度海量网民行为数据为基础的数据分享平台，能够告诉用户：某个关键词在百度的搜索规模有多大，一段时间内的涨跌态势以及相关的新闻舆论变化，关注这些词的网民是什么样的，分布在哪里，同时还搜了哪些相关的词，帮助用户优化数字营销活动方案
微指数	它是新浪微博的数据分析工具，基于新浪微博的全量数据，通过关键词的热议度，以及行业、类别的平均影响力，来反映微博舆情或账号的发展走势
头条指数	能够帮助自媒体的创作，它具有辅助创作、舆情分析和精准营销三个主要作用。头条指数目前可以通过官方网站获得大数据查询及分析
数说风云	一个实时的、维度全面的微信排行与监控工具。微信运营监控，有自媒体全行业分类排行榜
易赞	它搭建了自媒体与广告主对接的社会化媒体营销平台，提供公众号用户画像查询及新媒体观象台大数据。可以通过易赞官方网站及公众号"易赞"获得数据查询及分析

第六章 数据监测：通过数据分析，定方向、降成本、节开支

续表

工具	简介
大数据导航网	以大数据产业为主、大数据工具为辅，给用户提供一个更加快速找到大数据相关的工具平台。
西瓜数据	收录并监控约500万活跃公众号数据，覆盖50个热门行业，智能分析公众号广告价值，帮助您快速寻找优质公众号，降低找号成本。同时，西瓜助手可以进行公众号的违规检测、公众号诊断等，降低公众号运营的风险
知微	微博传播分析平台由知微大数据公司设计开发，提供可视化的微博传播路径图、传播关键人物分析、转发粉丝属性分析、传播层级比例分析、传播情感分析、传播水军参与情况分析
卡斯数据	依托专业的数据挖掘与分析能力，以卡斯指数来体现红人、节目或创作团队的商业价值全貌，提供数据查询、趋势分析、舆情分析、用户画像、视频监测、数据研究等服务

（2）运用自媒体后台工具，让工作更加得心应手

做自媒体需要懂排版、会抠图、精制作等，而熟练运用相关工具（见表6-13），将让我们的工作更加得心应手。

表6-13 自媒体后台工具

工具类型	工具简介
排版工具	135编辑器，可以一键排版，零基础人员也能直接套用，并且是设计师的原创设计。秀米，其功能比135编辑器多，有图形组件，类型比较清晰，如果文章图片比较多，秀米有丰富的专门图片模板。I排版，其功能分类比较齐全，具备很多组件，对排版要求不是很高的话，可以用这个工具。新媒体管家，是135编辑器界的一匹"黑马"，支持图文采集、图片搜索与首图制作，并且可以设置定时群发、热点信息抓取等，功能强大
图片工具	针对图片采集、处理、编辑、设计等工作的工具非常多，既有本地客户端的，也有在线的。诸如美图秀秀、PS、GifCam、创可贴、图怪兽、图帮主、Fotor懒设计、易图、一键生成、稿定设计、ARKie等，其各自的功能就不逐一介绍了

111

续表

工具类型	工具简介
音视频工具	变声专家,可以完成多种声音变声,为视频剪辑、解说等增加配音;模仿人的声音;改变歌曲里的声音;创建动物声音等。百度语音、讯飞语音等文字转语音工具,可以在平台实现文字与语音的转换。视频工具有爱剪辑,是国内首款全能型免费视频剪辑软件,拥有给视频加字幕、调色、加相框等齐全的编辑功能,很多创新功能和影院级特效,使它成为迄今最易用、最便捷的视频剪辑软件。此外比较知名的还有会声会影、万兴神剪手、lightworks、VSDC Video Editor、ArcTime Pro等,其功能不再赘述

(3)几种常被提到的新媒体实用软件特征比较

在新媒体运营实践中,人们常常提到一些实用软件,如R语言、Python、SQL、Google analytica、Excel、hadoop、SPSS等(见表6-14)。那这些软件本身到底有什么特点?又该如何合理使用来解决问题?

表6-14 几种新媒体实用工具特征比较

工具名称	特点	适用场景	使用频次
R语言	兼容性强,语言程序化也强,在编程语言方面需要投入的精力比Python要大,但适用面较广	数据分析基本皆可用	高频
Python	以语言简单、数据分析的高效著称,尤其是在文本处理等数据结构化方面有很大优势	数据分析基本皆可用	高频
SQL	数据库处理和分析的必备技能,属于数据库方面的基本工具	数据分析基本皆可用,侧重于数据库方面	高频
Google analytical	网页分析的主要手段	互联网行业必备	高频
Excel	可以满足一般非大量数据分析的人员的大部分需求	财务、金融、产品经理等一般数据量处理需求	较高

第六章 数据监测：通过数据分析，定方向、降成本、节开支

续表

工具名称	特点	适用场景	使用频次
hadoop	以一种可靠、高效、可伸缩的方式进行数据处理	冷数据处理	较高
SPSS	统计分析功能强大，侧重于统计分析类模型	不局限于统计，也可用于预测、机器学习等方面	一般

第七章
社群运营：
保证品质，才能让群员可信

社群运营的基本思路可以总结为：首先搭建运营体系；其次把目标用户吸引到群内；最后用福利、内容干货、互动与用户建立情感的连接，并带动大家一起参与社群运营。实际上，这里面包含了很多具体的工作，也有许多因素在发挥影响。因此，要做好社群运营，需要我们从运营策略、管理之道、营销方法、活动拉新等多方面着手，并确保社群运营的品质，这样才能让社群成员信任社群。

1. 做社群运营，先了解优质社群的特征和要素

社群要有一个灵魂人物，凝聚一群有共同梦想甚至信仰的人，并围绕着这一群人进行深度服务，这样的社群才能走向成功。

（1）优质社群七特征，每一项都有深意

什么样的社群才是一个好社群？从现实中许多的社群运营案例来看，一个好的社群应当具备以下七个普遍特征：共同价值观、共同目标、行为规范、组织结构、内部链接、榜样力量、稳定输出（见表7-1）。不具备这些特征，就只是一个"群"，不能称为社群。

表7-1 优质社群的特征及其内涵

特 征	内涵诠释
共同价值观	社群中的人志同道合，能够在价值观上得到认同。共同价值观并非是虚的，它能够指导和统一社群成员意识，形成一些具象的内容，如社群的Logo、音乐、口号、俚语及手势等
共同目标	优秀社群的基础是让对的人在一起做对的事，"对的事"就是共同的目标，或者说共同的任务。有了共同的任务、持续的活动，社群才有活力，也才可持续。共同目标必须是符合大多数社群成员意愿的，这样社群成员才能为完成共同目标相互帮助和协作。当然，在这个大目标之下又有许多小目标，如每个月完成特定的任务等

续表

特　征	内涵诠释
行为规范	社群要清晰地告诉社群成员为实现共同目标要做的事情，并为此制定行为规范。优质社群成员有一致的行为规范。行为规范越简单效果越好，如果要求太多、难度太高，会直接影响社群成员的积极性，可能导致社群成员选择放弃
组织结构	一个社群会有不同层级，如发起者、管理者、贡献者、普通参与者等。有些社群组织清晰，层级较为细分，如组长、值月生、班长等。不同层级的人承担着不同的责任与权力，需要不断地引导普通社群成员向上一级进阶，形成正向内部的循环，这种驱动可以让社群持续运转和达到复制性
内部链接	既有工作链接也有情感链接，工作链接体现在工作关系、合作关系上，社群成员相互信任，相互协作；情感链接体现在亲情、友情等方面，社群成员相互之间能形成心灵的共鸣，成为好朋友。通过内部链接，整个社群最终达到一个稳固的状态
榜样力量	每个社群都需要有若干个榜样，也就是KOL或者灵魂人物。榜样的影响力越大，这个社群的号召力也越大
稳定输出	社群应以产品、音像、文章、品牌活动等形式保持稳定的输出。稳定的输出是社群存在的基础。同时，通过稳定输出，让社群外的人了解社群，鼓励更多的人融入社群，让他们体验到自身价值的提升

（2）优质社群五要素，缺少一个不算优

社群即召集一群人在一起做一些事情。准备搭建一个社群或者运营一个社群的时候，我们需要了解它是由哪些要素组成的。一个好的社群应当同时具备同好、结构、运营、输出、复制这五个要素，缺少其中一个，都不能算是一个优质社群（见表7-2）。只有具备这五个要素，才能成功搭建社群并运营社群。

表7-2 优质社群的五个要素及其含义

要素	基本解释	具体阐释
同好	同好定成败。同好即对某种事物的共同认可或行为,比如,认同某个产品如苹果手机、小米手机,认同某种行为如爱旅游,认同某个标签如星座,认同某一空间如某生活小区的业主群,认同某种情感如老乡会、校友群,认同某种观念如消费观	社群借助同好,找到同类,找到气味相投的人。运营借助同好,可以明确自己的根本任务,确定未来发展方向。产品借助同好,可以锁定目标人群,实现及时、精准的推送。社群成员借助同好,可以找到情感慰藉,可以积极互动,可以实现利益最大化
结构	结构定生死。结构包括组织成员、交流平台、加入原则、管理规范等人员与组织构成。最初的一批社群成员会对以后的社群影响巨大并且深远。交流平台如微信可以成为日常交流的聚集地或大本营;加入原则即设置筛选机制,既保证质量又让加入者格外珍惜这个社群;管理规范重在设立管理员并不断完善群规	根据不同的成员基于不同的爱好聚集在一起的情况,证明了这个结构有所不同。无数实践证明:以个人为核心的中心化、金字塔式的社群会带来巨大的运营压力,而"去中心化"的组织结构则可以有效分解掉管理成本,提高运营效率,并能够提升社群"繁衍裂变"的能力
运营	运营定寿命。社群的生命周期,取决于社群运营是否具有"四感",即:仪式感,加入社群要通过申请、入群要接受群规、行为要接受奖惩等;参与感,有组织地进行讨论、分享等,以此保证群内有话说、有事做、有收获的社群质量;组织感,通过对某主题事物的分工、协作、执行等,以此保证社群战斗力;归属感,通过线上线下的互助、活动等,以此保证社群凝聚力。有"四感"就有规范、有质量、有战斗力和有凝聚力	社群运营必须考虑以下工作:线上活动的策划和实施;线下活动的策划和组织;运营团队的搭建和培养;社群成员的更新和大咖邀请;社群成员的连接和情感认同;社群内容的总结和对外输出。运营得好,社群的活跃度和生产都是良性的;运营得不好,社群没有长久的可能。因此要努力培养和促进"四感",同时要有淘汰机制,达到自净效果

续表

要素	基本解释	具体阐释
输出	输出定价值。持续输出有价值的内容是考验社群生命力的重要指标之一。社群必须要有稳定的输出,有输出才能传递社群价值观给更多的人	输出形式有图文、音视频等,输出平台有微信、知乎等。内容输出质量可以通过迭代更新来逐步提升,如日更要比周更有吸引力,周更要比月更有吸引力
复制	复制定规模。一个社群如能复制多个社群,就会形成巨大的规模,并迅速扩大自己的影响力	社群复制有三种模式:一是俱乐部。社群一开始就约定起止日期和主要服务内容,到期续费可以继续加入。二是加盟店。社群一旦形成了口碑和玩法机制,就在全国不同的城市建立分社,快速扩大。三是旗舰店。针对选定的精准社群成员进行长期连接,不断向社群成员提供需要的新产品和新服务,最终演变成消费品的不断复制

2. 搭建社群运营体系：确定顶层架构，执行有章可循

A公司是一家互联网医疗企业，公司面向的用户是有医疗需求的病人以及家属亲朋。为了更好地服务于用户，以及为公司赢得新的发展，公司决定搭建一个病友社群，并为此特别成立了一个运营团队。

运营团队认为，病友社群的核心需求是治病，这种需求只有医院能够满足，所以应在病友社群这个体系内去满足患者的周边需求，以形成公司的核心价值。于是，团队将病友社群的业务模式定为"App社区+社群（微信+QQ）+产品"的模式，以防止用户流失，变现方式为电商，后期转换为社群电商。接着，团队开始着手确定病友社群的运营目标。他们将病友社群定位为医疗细分领域的垂直社群，让病友抱团取暖（心理疗愈）获取经验（PGC+UGC），并以销售商品服务等进行变现，是共同成长的陪伴型社群。

梳理了社群业务，拆解了社群目标，接着就是确定做什么、谁来做，以及资源资金如何支持匹配，即根据业务逻辑设计社群运营体系。一是根据业务和社群的具体情况进行制定群制群规，然后在社群设置群公告并将制度和规范置顶，让社群成员第一次接触病友社群时就了解，后续进行

第七章 社群运营：保证品质，才能让群员可信

强化。二是社群动作的标准化，如每天提供资讯早报以及行业最新动态文章、招募核心运营管理员、挖掘 KOL、安排分享、鼓励打卡交流、挖掘筛选话题等。社群发展中还有其他特殊动作，如成立线下病友互助会、针对病种建立互助社群、协助当地互助会进行活动组织、社群内专家授课答疑、确立用户投稿与用户分享机制等。

从 A 公司社群运营体系搭建的实践中我们看到，运营团队在目标确立且运营目标操作拆解完毕后，便在落地执行过程中匹配人、财、物并进行资源对接。可见做群体运营脱离不开业务，变现转化等运营动作其实都是在业务的基础上展开的。所以要先确定社群业务逻辑，然后搭建运营体系。

下面，我们就从为什么搭建社群及如何搭建社群运营体系这两个大的方面进行探讨，看看将用什么具体的方法来确定顶层体系架构，并在具体执行中有章可循。

(1) 为何建群：搭建与业务相适应的社群运营体系

为什么要搭建社群运营体系？当前，个人消费意识已经发生改变，大多数人已经受到互联网教育，习惯于在网上消费，而搭建自己的社群销售网络，既不需要花费很多金钱成本，也便于网络营销。而更重要的是，流量越来越贵，营销人员开始尝试用低成本的方式把目标用户吸过来，社群就是一种有效的方式。

事实上，并不是每个行业都适合以社群的方式扩充业务范围。那么，什么样的业务适合搭建运营社群？下面这几种业务比较适合搭建社群运营体系，如表 7-3 所示。

表7-3 适合搭建社群运营体系的业务

业务类型	适应性分析
售卖产品	社群能拓宽产品销售渠道。确定售卖的产品一般决策性低，适宜在社群展示和讨论。例如各种微商社群、每日优鲜社群等
增值服务	增值服务即超出产品预期的服务，以及产品以外的服务。增值服务是社群运营的核心之一，增值服务不仅可以引流，还可以实现销售转化。例如在线教育公司的社群
拓展人脉	社群是"人以群分"的圈子，以工作、行业、圈子等为基础搭建的社群，有利于扩大社群成员信息传递和扩展人脉，也有利于业务增值、行业合作等。例如女性事业线社群等
兴趣爱好	建立一个基于兴趣爱好的社群，群内的主旋律总是以兴趣爱好为基础，分享相关信息，参与相关活动。一般来说，这种群的群主本身就是一个资深的爱好者，是社群的KOL，他带领社群成员一起成长。例如户外运动群等
塑造品牌	让用户体验和使用品牌，需要有一个黏性的平台进行传播，社群就是这样的平台。品牌社群以社群成员对品牌的情感利益为纽带，注重打造产品的品牌形象，由此也能培养和提升社群的整体形象和社群成员的个人形象。例如西贝社群
扩大影响	利用做公众号、拉群、建群的方式，快速积累、裂变、复制粉丝，从而树立某一领域内的影响力。例如关家人社群
变现需求	变现需求在新媒体领域是普遍存在的。社群通过付费建群的方式，可以达到变现目的。具体形式如付费进群、产品收费建群、输出付费等

（2）在哪里搭建：选择网络平台，或者自建社区平台

社群最终都会落在互联网或者其他地方，因此要选好社群落地的平台，是公众号还是微信，或者是自建社区平台等。下面就几种建群的落脚点简单介绍一下，如表7-4所示。

第七章 社群运营：保证品质，才能让群员可信

表7-4 适合搭建社群运营体系的平台

平台	分析
QQ	QQ是一个开放的平台，可以搜索和优化关键词，是众多"95后"的集散地。QQ群的上限是2000人，直接连接QQ部落进行内容沉淀。QQ有群文件、群视频、群相册等内容管理方式，也可以进行直播。对于成员管理，有管理员设置和禁止、有趣的匿名工具及漂亮的字体等。QQ群提供基础数据分析。与微信相比，QQ群的功能设计更有利于社群维护
微信	微信是一个封闭性的平台，群内成员有社会关系和信任感。单个群的最大成员数为500人。用户有良好的付费习惯，有利于社群变现。微信的功能比较单一，内容沉淀需要第三方小程序进行配合。官方不提供数据分析，需第三方合作抽取数据，如组图等。相应的社群管理维护需要使用第三方工具，如签到工具、群机器人、批量管理软件等
第三方社群工具平台App	它不是一个开放的平台，需要群主自己引流或者官方协助引流。乌托邦、知识星球、小红圈等社群工具平台主要解决内容沉淀和付费社群的痛点。同时，乌托邦还创新实现了会员支付服务和群组实时聊天功能，不仅是一种社群运营工具，更是一种群主的成长和个人品牌打造的支持
网络社区公共平台	贴吧等互联网社区公共平台是老牌社区集散地，无所不有。这里的经营管理是开放式的，但也有较多限制，如果你的用户活跃度持续下滑，不建议耗费精力在这里建群
新兴社区平台	闲鱼等新兴社区平台以发帖图文与小视频为主，近似于传统简易社区。同时这些平台带有群聊功能，可实时交流。提供内容标签供发布者选择。暂不提供数据分析，且无第三方工具提供服务。尤其适合兴趣社群
自建社区平台	以这种方式建群，需要以兴趣爱好、地理位置等为契机打造大型社区，尤其是需要一定的体量进行运作。自建社区平台一般来说多为公司的建群方式。以这种方式建起的群有懂球帝、虎扑、抽屉等

（3）如何建群：梳理业务逻辑；确定运营目标；拆解运营目标

确定了为什么建群与在哪里建群，接下来开始讨论搭建社群运营体系的具体步骤。搭建社群可以分为三步走：梳理业务逻辑；确定运营目标；拆解运营目标，如表7-5所示。

表7-5 搭建社群运营体系步骤

步骤	实操指导
梳理业务逻辑	梳理业务逻辑需要弄明白这样几个问题：一是制定运营团队的人设和社群口径；二是对目标进行详细的拆解；三是把握用户的浅层次需求和核心需求；四是输出内容的价值和用户的价值；五是建立与用户之间的双向互动与反馈机制；六是重点挖掘用户的核心需求并提供满意的产品与服务
确定运营目标	通过社区运营，树立良好的社群活跃度和专业的品牌形象，为下一步的社群变现做好准备。前期目标大多是卖产品，后期目标要致力于提高转化率
拆解运营目标	拆解运营目标就是落地执行，诸如确定做什么、谁来做，以及解决与之相关的资源匹配问题。方式有多种，一是每天提供资讯早报以及行业最新动态文章；二是在固定时间集中讨论相关话题；三是招募核心运营管理员；四是挖掘KOL及安排分享；五是鼓励打卡交流；六是挖掘筛选话题等。在执行的细节上，要反复总结和完善，借力社群、人员、平台及新媒体，来保持核心价值不变

3. 社群运营策略：认知、输出、交互、裂变、转化

对于社群运营，大多刚上路的新手总感觉无从下手。其实，从认知到输出、交互、裂变，再到转化，关键环节就那么几步。这就是说，只要掌握认知、输出、交互、裂变、转化的社群运营之道，就抓住了核心部位，剩下的步骤就可信手拈来，大有作为。

（1）认知：重塑用户认知，梳理用户标签

在消费升级的背景下，人们更加关注产品背后的品牌文化、生活态度等精神价值。因此，我们应该重塑用户的认知，创造多样化、个性化、差异化的产品，使之成为传递和展示自我的道具和载体。只有这样，才能占领用户认知的制高点，对标签相似的用户实施同样的运营策略。

新媒体用户的消费心理有11种：求实心理，即追求产品的实用价值；求美心理，即追求产品的欣赏价值和艺术美感；求新心理，即追求产品的新奇和流行度；求利心理，即希望提高产品的性价比；求名心理，即追求品牌获得荣耀感；从众心理，即害怕自己落后于大众潮流；偏好心理，即为满足个人兴趣爱好而消费；自尊心理，即通过消费来满足个人自尊心；疑虑心理，即担心被电视或媒体欺骗；安全心理，即担心产品存在安全隐

患；隐秘心理，即不想让别人知道自己买了什么。这些总结，对我们从用户的角度重新思考和界定产品具有指导意义。

在社群中，如果用户认为品牌所倡导的体验价值和形象价值与自己的人生观和价值观相一致，就会产生强烈的心理共鸣，引导自己的行为。因此，我们必须在社群中以各种方式创建产品场景，让用户对产品有一个新的认识，进而影响和驱动他们的购买行为。

以西安亚朵 S 吴酒店为例，作为超级 IP 的吴晓波，自己的流量足以引起社群效应。吴晓波频道的粉丝们入住亚朵 S 吴酒店，不仅可以享受会员优惠，还可以看到蓝狮出版的书籍，体验吴晓波频道电子商务"美好的店"精选产品。进入客房时，还有吴酒和巴九灵茶在静候品尝。

从运营角度来分析，亚朵 S 吴酒店首先确定自己的目标人群，其次根据目标人群确定产品的使用场景，然后根据场景链接 IP 圈层，最后由 IP 和超级用户共同形成一个社群，影响更多的潜在目标用户。其业务逻辑是：利用 IP 抢占用户认知高地，解决流量问题；利用场景强化用户体验，挖掘用户延伸需求；利用社群促进加强关系，解决信任问题；利用电子商务形成业务闭环，完成商业变现。

抢占了用户认知高地，还要对用户标签进行精细化梳理，以便更好地认知我们的用户群体，这样才能摸透用户的深层需求和欲望。给用户贴标签需要应用数据技术，通过数据分析，了解用户的爱好和品位等方面的数据，然后基于数据得出用户画像。对用户的标签要用数据分析应细化到像素级别。当然，获得用户数据需要我们主动与用户沟通互动，也需要用户的消费反馈。当我们做好用户标签后，就可以对标签大致相同的用户采取相同的策略来运营，进行产品的精准推送。

（2）输出：输出优质内容，KOL应发挥重要作用

社群的产品输出关键在于相关内容的输出，也就是基于产品来打造优质内容。优质内容的产生是一个专门话题，属于新媒体人的基本功，这在本书的其他地方已有充分的论述。

要通过群分享、朋友圈分享、公众号分享等方式输出高质量的内容，以实现沟通，这是社群营销保持黏性的必要手段。为了保持和增加用户黏性，内容必须以沟通为前提，以干货和兴趣为核心，这样才能吸引社群用户关注你，而不是看一眼就关掉。用户对有趣的段子、搞笑的视频、明星热点、股票、育婴知识、生活小贴士等都感兴趣，这些内容都是针对用户画像对应的各个领域去做精准推送，并积极引导沟通和反馈，从而保持社群热度。

在内容输出过程中，社群中的KOL应发挥重要作用，因为这部分人是优质内容生产者和传播者，其影响力足以引爆社群，获得网络效应。美国作家马尔科姆·格拉德威尔在自己的著作《引爆点》一书中提到，当某些意见领袖参与传播有感染力的信息，而这则信息正好符合当时的社会需要时，流行就会形成。因此，如果你想引爆社群或刷爆朋友圈，找到业内的社群意见领袖必不可少。如雷军就是小米的社群意见领袖。

（3）交互：深耕细分领域，打造垂直社群

社群内容如果不是针对细分领域的，那么社群运营就不会走远。事实上，人们特别看重圈子，兴趣圈层在越发下沉。精细化的不同的圈层位于不同的社群，因此社群应该往垂直化方向走下去，要找到他们的兴趣洼地，深入到圈层用户之中，通过深耕细分领域，推送圈层细分领域喜闻乐见的内容，将社群最终打造一个垂直社群。

垂直社群的运营本质是聚焦一个领域并深度挖掘。可以利用身边的实际资源创建一个社群，成员必须有相同的标签，这就是比较垂直的定位，这样就有了着手的点。确定好自己的垂直社群之后，要建立自己的基础管理团队，然后开展运营活动。比如，大学生社群可以分享最新的校招信息、面试经验；内容社群可以分析任何有价值的干货等。这种聚焦和挖掘有助于成员的成长，也是社群运营的重要手段。在垂直领域集合要素优势对内容进行深耕，是一个垂直社群所必不可少的关键点，只有持续关注并聚焦，才能为会员带来更有价值的内容。

（4）裂变：让内容搭载小程序进行裂变式传播

有数据显示，在互联网时代，消费者的注意力不超过8秒，所以抖音、快手等短视频应用流行于当下。这是一种新的生态，在这种背景下做社群营销要实现裂变，碎片化的内容和应用就相当有必要，而"内容+小程序"正当其时。特别是在微信生态下，碎片化应用对应于小程序，这是新生态实现裂变的唯一途径。做好内容与小程序的链接工作，让用户以小程序为载体，将内容扩散、传播到其他社群，从而不断实现流量拦截和转化。

除了内容搭载小程序进行扩散、传播，小程序也探索出了逆向引流之路。例如，某团队开发了一款插件，当用户使用时，它可以自动接收到小程序推送的链接。

（5）转化：只有持续占领用户心智，才能不断转化

从众心理源于消费者害怕自己落后于大众潮流。而美国广告学家E.S.刘易斯的消费者行为学理论模型AIDMA认为，消费者从接触信息到最后达成购买，会经历引起注意、引起兴趣、唤起欲望、留下记忆、购买

行为这五个阶段。在冲动式消费越发稀少的情况下，更聪明的用户学会了"观望"。特别是在社群之中，"先看看其他人的使用心得和体验，然后再下单购买也不迟"是大部分人的心理状态。

在群体的从众行为中，几个人下单会扩散成几十个人下单，最后形成数百人下单的场景。社群最大的优势在于它能潜移默化地占据用户的心智，因此社群运营要注重持续占领用户心智，以此来实现转型和客户再购买。

4. 运营管理之道：有威信、用感情、勤互动、做引导、定角色

有的人建立起社群后，就把自己视为服务员，专为社群成员服务。作为社群创建者和管理者，当你在社群中扮演了服务员角色时，社群的核心功能及价值也就丧失掉了，你也就变成了客服人员。在保证不出现这种错误的前提下，我们该如何与社群成员相处呢？

法国社会心理学家、社会学家，群体心理学的创始人古斯塔夫·勒庞在他的《乌合之众：大众心理研究》一书中，从多个方面论述群体中人与人的相处之道。他认为：在群体中，不为群体的激情所感染，足以抵制群体行为暗示的人，几乎没有；在群体之中，任何理性、思维，或逻辑通通都是不存在的。如果你想给群体一个信服的理由，就必须记住这一点：群体永远都在渴望着强权。

上述这些观点，对于我们化解在社群运营中遇到的难题具有指导作用。事实上，社群成员的相处之道，在于组织者或管理者真正理解威信、感情、互动、引导、角色的内涵，并在这几个方面能够有很好的把握。

（1）有威信：遵守规则，牢记身份

作为一个社群的组织者和管理者，请务必以身作则，严格遵守群制群

规；对于社群成员，如果有再三违反者要坚决"踢走"，无论关系多么好。这样才可以树立自己的威信。

如果你是一个社群的组织者，就请记住你的身份，你是核心，是领导者。因此，与用户交流时要保持威望。同时要控制距离，如果离得太近，就会失去距离感，将不再拥有领导的权威。相反，如果离得太远，就会没有存在感，当你出现的时候也没有人会注意到你。记住身份和控制距离，这是政治影响力的玩法，社群也同样如此。

（2）用感情：勿用逻辑，善用感情

在群体里面，逻辑是起不到大作用的。群体里面要善于利用感情，感情是不需要有任何逻辑的。群体成员只会感性地思考问题，没有人会关注逻辑和数据，因为大家都很忙，所以一般不会去仔细思考。唯有使用感情，才能获得用户支持。

（3）勤互动：围绕目标，不断活动

社群的魅力是"生命在于运动"，即不断举行活动，方能维持活力。社群运营中必须有恰当的活动，诸如娱乐活动、线下聚会、庆功活动等，让成员通过活动真正"动起来"。活动频率越高，社群活跃度越高，如果活动频率低到一个下限，社群就会面临消亡。

有强关系的社群，也有弱关系的社群，弱关系社群如交流育儿的妈妈群，成员彼此之间并不熟悉，聚在一起仅仅是为了实现育儿的短期目的，目的达到了或需求没有了，成员会自动退出，或是永久沉默。所以，组织者要根据社群的生命周期来组织活动。

（4）做引导：以专长和分享引导舆论

社群需要正确的舆论引导，因此，社群运营中最好能塑造一个能引导群体舆论、意见的领袖人物。领袖人物要具备两个特点：一个是专业，必须在某个领域能有自己的专业特长，让大家认可你的知识深度、广度；另一个是乐于在社群中，分享激发用户的活跃度，持续输出有价值的内容，分享成功案例，引导大家讨论、学习，让用户把你当成风向标。

（5）定角色：根据能力特长，给成员贴标签

社群运营中，要根据对于社群的贡献度或者活跃度，给予群成员不同的阶层定位，也就是定角色。一方面是为了能够分层管理，让社群有序地高效运转；另一方面也能提高社群活力，让成员产生积极性。

每个人在潜意识中都想成为群中的"大神""大咖"，尤其是新手小白，"神一样的存在"的目标会使他们在群里极为活跃。因此，社群可以通过成员的一些发言或行为给他起绰号，或者根据能力特长给成员戴高帽。比如叫"××帝""××神""××咖"等，都是有效的角色定位。这种贴标签的方法可以保证群成员的归属感。群成员会离开的最重要因素，就是没有存在感。这就需要给予他一个不一样的标签，来保证他能够在群体中找到定位并持续依存。

5. 社群营销方法：不卖货的营销是没有价值的

做社群卖货，应该弄明白社群营销的目标就是卖货，凡是不能带来有效销售的营销都是没有价值的。那在具体操作上应该怎么卖货？从实践来看，口碑营销及"微信群＋朋友圈"卖货模式都是可行的办法。

（1）卖货：社群最为重要的属性

从营销角度看，社群具有链接、传播和销售三大属性。它们之间不是排斥关系，也不是替代关系，而是一种可以融合的并列关系。利用移动互联网搭建的社群，其基本价值是链接，在链接中相互协同和发挥价值，这是社群的基本属性，不必细说。传播是社群的重要价值，主要体现在营销上，而营销只有一个目标，那就是卖货，所以传播的指向其实就是销售。

所谓销售，就是在有用户的地方开发目标用户。社群是目标用户的一个重要场景，因此应充分发挥社群的卖货价值。事实上，现在的社群就有很多零售企业和创业者的影子。例如，有一个传统家装零售企业的社群，通过微信做零售，一年的利润超百万元；有一个创业者通过做社群，带领200多人在社群卖货，帮助他们实现一周3万元的销售额，而他自己也通过做理财训练营和读书会课程收获了第一桶金。

社群是在线化的社群，这种状态下的卖货方式，其实是传播、卖货一体化的方式，或者称为营销一体化方式，也就是在传播中卖货，在卖货中传播，它把原来的营销与销售两个分离的动作通过"在线化"变成了一个动作。在这种营销一体化的状态下，社群的主要目的就变成了卖货。

事实上，社群卖货目前已经形成了许多不同的方式和不同的玩法：

通过提高社群氛围进行卖货，是一个比较传统的方式。比如通过社群公告、热点话题持续讨论、"红包＋水军接龙"、"红包雨"等多种方式，把社群氛围一次次推到高潮，从而收获了许多订单。

通过"微信群＋朋友圈"的模式卖货。这个模式的一般步骤是：邀请微信好友、设置群名、设置群公告、奖励购买晒单、预告爆款、群内抽奖活动、群内气氛带动、群友的邀请。微信购物群更多的是要做互动，要提高用户黏度，这样才能提高出单量和建立友谊和信任。

通过拉群的方式，即用种草的方式去产生用户影响，进而销售转化。例如，京东采用机器人运营模式进行社区运营，计划两年内建立50万个集团，这基本上是一个简单的销售逻辑。拉群卖货的方式比较适合货值较低、符合更多用户需求的品类，同时需要更多的用户量支撑。

社群卖货已成趋势，有的企业还设有社群运营的岗位，薪资待遇也比较高。不过值得一提的是，社群卖货也是需要方法论的，拉人拉群需要一套专业的方法论，这方面的专业人才很稀缺。

（2）口碑营销：高效成交的法则

消费的过程其实也是一个情感选择的过程，忠诚的消费者会了解品牌产品的方方面面，并对品牌产生很强的黏性，也会对周围人的购买决策产生积极的影响。这就是口碑营销的基本原理和商业逻辑。

传统的口碑营销是指企业内部人员通过朋友、亲戚面对面的交流，将

第七章 社群运营：保证品质，才能让群员可信

自己的产品信息或者品牌传播开来。新时代的口碑营销是借助网络来实现的，网络的传播辐射范围更加广泛，影响力也更加深远，因而会影响到品牌、产品及服务的信誉度。社群运营中，借助网络手段打造销售情景，可以实现物品与人之间的快速连接，从而促使整个购买行为的形成。小米手机、罗辑思维、标王社群投资俱乐部等，都是这方面的成功案例，掀起了一股社群经济的热潮。

从实操层面上说，在社群做口碑营销，还是要把握谈论者、话题、操作工具、参与度、追踪反馈这几个要素（见表7-6），动作不能有差池，否则效果不会好。

不具备这些特征，就只是一个"群"，不能称为社群。

表7-6 社群做口碑营销实操要素解析与实操指导

要素	要素解析与实操指导
谈论者	谈论者就是会讨论你的品牌或商品的人，包括社群中非常具有影响力的意见领袖以及使用产品的那些人，他们特别乐于跟人分享，同时也热爱该产品。问题的关键在于，要在社群中找到这群人，让他们为产品发声
话题	要创造和提供至少一个值得他人分享的话题，如优质的商品、细腻的服务、新奇的名称、有趣的广告等。想要让使用者记住产品，进而成为传播者，我们可以创造与产品相关的话题
操作工具	口碑营销传统方法是借由人们的口耳相传来扩散的，如今借助社群媒体的影响力则能让扩散更快速有效，如各种直播、各种使用者心得、各种图文内容的展现等，这些都是社群中可用的口碑传播方法。用心经营社群并与用户互动，口碑传播必会实现
参与度	让人们参与讨论其实并不困难，关键是参与的程度。社群可以建立相应的激励机制，鼓励社群成员发表意见、参与活动，甚至可以成立一个专题小组，在参与中互动，在互动中传播。长期持续地互动，让人们明白该产品的特色，是口碑扩散的重要关键
追踪反馈	当你开始参与互动之后，就必须仔细收集每个人对品牌的看法，如欣赏哪些特点、购买是否方便等。追踪并记录这些反馈，将有助于我们掌握用户对产品的真实想法

(3)社群+直播：交流、转化与销售的利器

"社群+直播"的卖货形式，一方面，借助直播本身具有的实时性特点，可以很好地唤起并保持社群的活跃度；另一方面，社群通过提前预告直播的方式，能为直播做引流，再配合群内氛围的建设，后续的转化观看量会更好。"社群+直播"虽然可以说是绝配，但采用这种卖货方式，需要认真选择社群以及直播平台，尤其应掌握和运用行之有效的社群直播方法，这样才能有效保持社群的持续活跃度并收获良好的销售成果。

选择社群主要应以 QQ 群及微信群为主。与微信群相比，QQ 群更为开放，功能上更加复杂，管理起来更加方便。但是选择哪类社群，最重要的是看你的用户群体在哪儿，如果你在微信上开店卖货，那么就没必要再去建一个 QQ 群了。

选择直播平台，可以根据自己直播的内容及人群进行选择。花椒直播、一直播是人气非常高的直播平台，那里聚集着超高人气的明星大咖、美女帅哥、热门网红等。当然，如果自家 App 有直播平台是最好不过的，毕竟肥水不流外人田。

采用"社群+直播"的形式卖货，要在直播卖货过程中运用下面这些正确的方法，如表 7-7 所示。

表7-7 "社群+直播"形式中直播卖货的方法

方法	实操指导
选时间	直播是否成功的一个决定性因素是时间点的选择。时间点的选择并不只是指某个时间段，还需要考虑其环境及内容因素。比如，电商"双十一"前的直播的关注量肯定高过平常的
编脚本	做直播，颜值高只是基础项，主要还是需要靠才华，而且直播会变得越来越复杂，这些因素都要求我们在直播进行专门的脚本编辑

续表

方 法	实操指导
要排练	彩排过程中可以发现各个环节的问题并予以解决，否则一直播就紧张起来，这就不好了
控节奏	直播是一种实时化、现场化的表现形式，对时长和节奏都有一定的要求，要在规定的时间做规定的事。单位时间内播出多少内容及播出的质量，与节奏控制息息相关。所以，直播时要灵活有度，把握好节奏感以及内容的连贯度。尤其是对于内容输出的直播来说，如果主播只是强调用户互动而忽视自己正在播出的内容，则直播效率和效果都将大受影响
发奖品	直播传递的信息量一般比较大，尤其是满屏都是评论时，因而很容易让观众感到视觉疲劳。在大家感到疲劳的节点上发奖品，不仅可以重新使大家兴奋起来，也能带来观众人数的上升

6. 活动拉新的步骤及拉新形式

做社群运营需要通过活动进行拉新,这是所有新产品走向市场的第一步,事关产品成败。活动拉新是以活动为手段、以拉新为目的过程统称,通过不同的活动形式去提升新用户的注册量、活跃度、关注量。本文从活动拉新的底层逻辑及步骤、形式及注意事项等方面,和大家分享一些要点。

(1)拉新:社群运营的底层逻辑

社群的本质是基于共同目的及兴趣创立的一个场景,这对于拉新活动具有重要意义。社群中的所有人必须有一个共同的目的,可以是知识学习,也可以是线下交友,甚至可以是宗教信仰,将有这些目的的人拉进群里,就等于满足了他们的需求。社群运营的核心意义,在于管理者在组织活动时可控活动的主题、内容、形式、目的等,具有指挥和导向作用,新拉进来的人能够在统一指挥下积极参与活动并落实活动目的。每一个社群里面都需要有一部分"大神",他们的言行可以带动其他人一同行动,更为重要的是,他们能帮助管理者做拉新管理、输出有价值内容等,这是他们的价值的体现。由此可见,社群正是通过拉新来运营的,以满足大家的目的及兴趣的需求,这是社群的底层逻辑。

第七章 社群运营：保证品质，才能让群员可信

（2）社群运营活动拉新的步骤

社群运营活动拉新需要以下五个完整的步骤（见表7-8）。当然，行业不同，内容不同，活动拉新的步骤也就不一样，这里只是给大家提供参考，希望大家根据自己的实际情况进行调整。

表7-8 社群运营活动拉新的五个步骤

步 骤	实施指导
公示信息	设计关于活动的海报及撰写文案，文案方面要注意写明白主题、内容、时间地点以及参与方式。内容不宜过于冗长，简短清楚即可。将海报文案公示在朋友圈，让所有人都能看到这个活动消息
公号设置	设置公众号关键词，主要是内容方面的撰写和编辑，比如在众平台编辑模式下的关键词回复设置等
转发扩散	要给出用户明确要求，引导用户按照要求进行转发扩散。要做好个人号的运营设置，以及后续的微信群发消息设置
用户实证	让用户提供证明，证明自己完成任务。这里需要我们注意严格按照要求审核用户证明的内容，如截图等
引导进群	审核通过，就要引导用户进群，设置群规、群名片等。这时就进入社群运营阶段了

（3）社群运营活动拉新的形式

社群运营活动拉新的形式主要有线上拉新、线下拉新、借势热点、日常拉新等，如表7-9所示。

表7-9 社群运营活动拉新的几种形式

形 式	实施指导
线上拉新	即依托于线上并在线上完成用户的注册、激活等环节，是主要的活动拉新方式
线下拉新	线下活动很多时候只是线上活动的补充。这类活动通常占据人流要地，常常以小奖品为诱导吸引人
借势热点	热点可以划分为两个方面：一是固定的节日热点，如元旦、春节、元宵、毕业季等；二是借势社会热点，这种活动的策划一定要"快、准、狠"，要在突发性热点爆发第一时间完成热点的借势

续表

形式	实施指导
日常拉新	社群的活跃往往是从日常小活动暖场开始的，比如，每天的早晚问候，有趣的节日祝福；群内话题互动，关注当下热点问题，着重于社群业务范围；日常干货分享，维系社群长期价值；定期进行专题讲座，用群直播的方式定期促进活跃；定时进行优惠券、拼团活动等福利发放；利用社群游戏工具活跃气氛，如机器人的成语接龙、猜谜语等。做日常小活动切忌销售心过重，社群价值在于长期的延伸培养，不能过度消耗用户乃至变成骚扰，所以这种活动一定要适度
渠道拉新	一般来说，用户多聚集在微信、微博等多个渠道。如果我们确定了一个核心渠道的用户拉新后，其他的渠道是可以给予同步的导流帮助的
黏性拉新	一场活动后拉来的用户极易出现流失。针对这种情况，我们要提升这些用户的产品熟悉度，增加黏性。因此，社群应在活动执行过程中留一个官方群号，新用户入群之后，客服对其进行答疑解惑，增加新用户对产品的好感，这对拉新无疑是有帮助的

（4）社群运营活动拉新注意事项

活动拉新看似简单，实际上有很多需要注意的细节，所以需要更加踏实、勤奋、用心地做好拉新工作，才能真正为社群带来新业务，如表7-10所示。

表7-10　社群运营活动拉新注意事项

形式	注意事项
懂得用户	成功的活动拉新少不了用户画像、用户特性和心理，以及活动流程策划等方面的准备。尤其是对于拉新用户群体的了解必须是全方位的。拉新时只有重点瞄准和产品定位高度吻合的用户，熟知他们的需求和心理，拉新才能奏效
体验为王	用户体验在活动拉新中占有重要地位，为了让用户有很好的体验，在形式和流程上要尽量让用户省时省力。活动拉新的流程一定要思路清晰、流程简单。活动呈现形式上要尽量选用图片、视频等直观形式，让用户能瞬间明白是什么活动、怎么参与等。另外，所有活动都不设置门槛，这也是提高用户体验的一个可用方法

第八章
活动策划：
策划一场刷爆网络的新媒体活动

新媒体活动是指围绕既定目标开展的各项系列活动，如策划、执行、评估等等。新媒体运营过程中，活动是一个不可或缺的部分，不管是和用户增进互动，还是吸引更多关注，抑或为产品发布造势，活动都是一个非常常见的手段。一场成功的活动，需要明确活动的目的和流程，制订成熟的活动执行策划方案，还要评估活动效果和复盘活动全过程。在这之中，相关应用工具的使用也是一个重要因素。

1. 新媒体活动的目的与活动流程

做新媒体活动，首先要思考为什么做活动，也要清楚活动的流程与关键环节，这是成功举办活动的前提性要求。

（1）为什么要做新媒体活动

活动贯穿于我们做新媒体运营的整个过程，活动可以帮助我们拉新、留存、做转化、优化策略等。围绕媒体运营，活动的目标是不一样的，所以我们要在策划活动之前明确本场活动的目的是什么。活动的目的根据运营的实际情况来定，或者是为和用户增进互动，或者是为吸引新用户，或者是为产品发布造势等。不同的运营阶段有不同的目的，活动要为达成运营目的服务。

新媒体活动包括线上活动和线下活动两大类型，每种类型都有很多种活动方式和活动方法，如联合推广、借势营销、裂变传播等形式，以及评选、征集、抽奖、体验、在线交流、直播等方法。采取哪一种形式，运用什么样的方法，要根据自己做新媒体运营的不同阶段与不同目标来确定。

（2）新媒体活动的流程及关键环节

明确了活动的目标后，就要从目标出发来确定活动的类型和玩法。而新媒体活动的流程及关键环节须谙熟于心，这是非常必要的。

一个完整的新媒体活动分为策划、执行、收尾三个阶段，而活动的流程则是对这三个阶段的细化，依次包括以下几个具体步骤，如表8-1所示。

表8-1 新媒体活动流程

步　骤	描　述
活动策划	活动策划是活动成功的决定性工作，主要是要明确活动目的，后续工作都要围绕活动目的来展开。要做好活动定位，比如提升品牌形象、增加公司估值、降低获取新用户的成本、内部激励、压制竞品；拉新；唤醒、召回用户等。要确定活动主题，并使之易记、易懂、易传播，还要有唯一性、趣味性、相关性。要预估成本风险，既要评估风险，又要评估成本。要确定指标考核，如新增加用户、注册用户、下单用、好评率、转介绍等等。基于活动目的，应考虑目标用户画像，比如他们出现的场景、关心的热点，有什么共同的需求等。做完这些调查，再结合自身的资源，看看自己到哪些渠道去接触目标用户，有哪些热点可以和活动目的相关联，有什么低成本的引流产品可以满足用户的需求等
选择形式	活动形式有多种：一是联合推广。影响力相当的公司或公众号相互导流、互推。二是借势营销。与热点事件进行关联，降低用户认知成本。三是裂变传播。利用用户传播心理，让他们帮你做传播。四是事件营销。低成本的线下活动+多渠道R稿投放。五是自造节日。将销售活动锚定在某个时间，与用户形成默契。如京东"618"、天猫"双十一"等。六是互动传播。与用户形成互动，一起对外发声
确定时间	活动时间要根据活动目的来确定，比如目的是粉丝增长，就要预算一下增长的目标，是7天增长6000人还是其他。确定时间主要是确定活动的准备时间、上线时间、运营时间、结算时间
制定规则	要说明用户怎么参与，先做哪一步，再做什么。活动规则一定要简单易懂，让用户一眼就能看明白。最好是能配置活动进度的可视化呈现，不断给予用户正向的反馈
部门协同	要把活动的工作具体配置和各部门的支持列出来，一定要把活动的全盘规划落实到负责的执行个人，并提前做好沟通

续表

步骤	描述
资源准备	活动需要资源支持，线下资源如易拉宝、横幅、海报、宣传单、引路牌、签到台、礼品袋、徽章、签字笔、白板、音响、话筒、投影仪、对讲机、矿泉水、饮料、咖啡、小饼干、水果、药品箱等；线上资源如微信图文和留言区文案、公众号关键词文案、转朋友圈、微信群文案、微博、论坛、贴吧文案、活动规则文案、客服话术、PR稿等。还有一些潜在资源，如主办、支持、承办、协办、总冠名媒体支持等合作者。所有这些都要根据活动的需要提前准备，并列出明细表，免得漏掉
做好预热	活动初期要做气氛铺垫，引起用户的兴趣。主要是各种渠道的活动宣传，比如在朋友圈、行业网站、自媒体平台、客户群等地方做宣传
规划落地	活动在执行过程中，最重要的是保证计划执行到位，要和参与者一起感受这场活动，活动组织者要关注活动的走势，把控活动的各个环节，检查用户反馈是否执行到位等
复盘总结	通过复盘活动全过程，找到可以优化的部分，并记录存档，以便下场活动创新改进

事实上，在上述步骤中有四个环节是非常关键的，它们可以直接决定活动的成功与否，那就是活动计划、方式选择、规划落地以及效果评估。其中，活动计划是活动的整体框架，可谓大纲，若大纲出错了，后面的工作就无法进行了。方式选择是整个活动的灵魂，活动是否足够吸引到用户，关键点还是在于奇特的活动形式和创意，越新奇越能吸引用户。规划落地是基础，基础都打不牢，没有真正落地实施，活动就是虚的。复盘总结的目的一是效果评估，二是总结经验，这是对整个活动的考核也是对活动组织者能力的检测，因此在活动开始之前就应预埋数据，为活动结束后的分析、总结提供数据支持。

（3）制定全年活动规划的基本思路

新媒体活动不应按照运营者的主观想法去自行设计，而应结合新媒

第八章　活动策划：策划一场刷爆网络的新媒体活动

体运营团队的总体目标、运营规划和网民关注的热点进行总体规划。成熟的新媒体运营团队通常会以年为单位提前设计活动计划。这样做有两个好处，一是可以减少操作的随机性，防止操作人员"临时抱佛脚"；二是帮助相关执行人员灵活安排时间，提前准备活动海报、活动文案等资料，以及做好其他方面的资源准备。

从总体思路上说，制定全年活动规划，首先要对企业下一年度的总体目标、新媒体和互联网热点的总体运营计划进行梳理，分别导出年度活动主题和月度活动计划，并关注和把握热点，然后进行汇总，形成年度活动计划。

年度活动的主题是全年新媒体活动的主线和总基调。一年的新媒体活动看似由分散的活动组成，但好的新媒体活动必须围绕活动主线展开。尤其是执行过程中的海报、文案、视频等细节，需要围绕整体调性来进行设计。运营者在设计年度活动主题时，需要充分了解企业的总体目标，包括产品目标、品牌目标、销售目标等，并结合企业下一年度的总体目标来设计。

麦当劳是伦敦奥运会的赞助商之一，它将2012年的年度活动主题定为"奥运会"，并将新媒体活动贯穿于奥运会的各个角落。2月27日，"麦当劳争峰夺金"活动正式启动。4月12日，"麦当劳金牌之旅"活动启动。5月10日，"奥运杯"玩具活动启动。6月25日，"金牌麦当劳、尽兴奥运会"活动启动。同时，麦当劳的线下活动全面植入"奥运"主题。麦当劳通过全年主题与每月策划相结合的方式，利用奥运会的契机，提升了早已深入人心的餐饮品牌的知名度。

月度活动计划的设计，要结合新媒体整体运营规划。每月的活动可以与网络热点结合起来。热点有助于增强曝光效果，因此必须准确把握互联网热点。对于网络热点，需要先预测，后评估。有的网络热点没有突发征兆，我们只能随机应变，如明星事件、社会事件等；而有的网络热点则具有周期性，我们可以提前预测。事实上，全年的网络热点可谓五花八门，但并非所有热点都适合做活动，因需要评估热点与活动的相关性，选择最贴切的热点，策划相关活动。

某新媒体部门计划在下一年5月之前完成两项重点工作：推出新产品、老产品促销。该部门在设计月度活动计划时，"萌宠经济"刚刚兴起不久，于是就准备在下一年5月之前举办几场活动，具体有：萌宠大比拼活动、新品猜名活动、老产品买一赠一活动、买新品赠红包活动、春季摄影比赛活动。

年度主题活动和月度热点活动完成后，经营者可将二者合并形成《××××年全年活动规划》的文件，然后发送到设计部、编辑部、开发部等部门，以便相关同事灵活安排时间，提前筹备素材。

某公司每一阶段都会举办一个小活动，根据热点更换Logo。不过，这样的活动Logo并不是提前几天突然灵感迸发而来的，而是根据年度计划提前几个月就开始制订Logo设计方案了。由于提前策划，公司的Logo更换活动能有序进行，既突出了创意，又符合公司整体形象，赢得了不少网友的围观和讨论。

2. 新媒体运营线上、线下活动执行策划方案

对于新媒体运营的新手来说，活动执行策划应该是一种常见不过的运营手段，也是一个合格的运营人员必须要掌握和熟练运用的一种手段。新媒体运营的活动执行策划包括线上和线下两个部分，那么它们各自应该如何进行策划？在这里给大家分享详细的线上和线下活动执行策划方案，以供操作时参考借鉴。

（1）新媒体运营线上活动执行策划方案

先来看一个案例：

有一位新媒体运营者，策划了这样一个小额兑换的活动方案。该方案中明确的内容包括活动目的、活动诱导、活动形式、活动推广、活动反馈、预期目标、活动备注、活动总结等。其中，活动内容设立了许多优惠项，而参与方式中则有详细的用户参与活动的流程、奖项额度等。方案中其他方面的内容也都有非常详细的说明。

应该说，这是一份可执行性、可操作性、创意突出的活动策划案，并且其中的诸多奖项颇具诱惑力。如果将其付诸实施，相信一定会收到预期效果，也会提升这位新媒体运营者的知名度。一般来说，一份完整的新媒体运营线上活动执行策划方案应包括以下内容，如表8-2所示。

表8-2 新媒体运营线上活动执行策划方案

事项	具体内容
活动目的	是为了增加下载量、提升平台活跃度，还是品牌传播度？目的之间可以互相补充，但需要找到侧重点，需要将最主要的目的设计到整个活动的细节，这样才能达到活动的效果
活动诱导	一是话题情感引导，比如发起微博话题"#这个圣诞你怎么过呢？""#圣诞来临之际，你想和谁一起过就@一下谁"。二是物质奖项设置，即本次活动用户可以获得什么奖项。奖品最好与品牌相关，支持个性化定制，且考虑精力和寄送成本
活动形式	活动形式的基本要求是创意、有趣、参与成本低。选择好活动平台后，要根据平台的特点（平台包括微信、微博等大众平台以及自有平台）、活动的目的来策划活动的形式（抢楼、秒杀、有奖转发、有奖征集、网上评选、注册送券等）。关键在于结合活动的目的和平台特点去选择并且创新
活动推广	大的线上活动需前期预热，前期引导核心目标用户。市场推广大体包括站内推广和站外推广两个方面。站内推广就是如何利用自有平台本身的资源进行推广，如首页的广告位、文字链之类。站外推广要量力而行，一般的推广手段包括KOL转发、人工发帖、合作推广等
活动反馈	活动完成提醒鼓励。例如：H君，恭喜您成功参与了本次活动，活动会在本月7日公布获奖名单，请您持续关注；请您邀请更多好友参与，能提高中奖概率哦；真抱歉，您参加的本次活动，没能获得大奖，送您一个安慰飞吻，勿谢！此外，活动反馈还包括获奖名单公示、已经取走多少份及还剩多少份，这些都能实时反馈
预期目标	线上活动的效果预期可以从参与人数、下载量、转发量等几个维度进行考量。目标需要根据活动的进程分阶段设置，便于在活动执行中根据实际效果和目标的差异进行适当调整
活动备注	这一部分是方案能够执行的关键，要点在一个"细"字，主要考虑活动流程、活动规则、奖项设置这三个大方面。如果想让可执行性再强一些，可以将活动流程用图文形式做出来
活动总结	一是给一个用户参加这个活动的理由，比如，有趣而且有用；有奖品；对品牌信任。二是用户参与成本，原则上是尽量低。三是立即反馈，反馈呈现。四是事后反馈，奖品公布，培养品牌知名度

第八章 活动策划：策划一场刷爆网络的新媒体活动

（2）新媒体运营线下活动执行策划方案

还是先来看一个案例：

某团队在K市成功举办了一场有30余名公司高管参与的小型线下聚会，这场活动得到了客户和参与贵宾的高度认可。在策划这场活动的过程中，策划内容主要包括确定活动目标和完成并检验活动策划方案两个部分。前者通过分析团队现状和这场活动参与者的情况，最终将目标进行了量化；后者包括K市及周边范围内本行业媒体活动常见形式分析，以及对方案可执行性、客户参与度、活动的吸引力等几方面的分析。

不难看出，这份活动执行策划方案比较笼统，不够细化，执行细节没有明确显示，并且有的重要的活动事项，如预算，没有涵盖进去。

线上拉新活动是平时我们在新媒体运营过程中所接触的主要活动方式，而线下活动在很多时候是为了补充线上活动的某些不足，比如线下场景带来的体验，就是最显著的线下优势，而线上很难带来这种身临其境的感觉。

那么，如何才能制订活动执行策划方案？其中究竟需要包含哪些具体的内容？其实，一份真正的可执行性、可操作性的新媒体运营线下活动执行策划方案，应该包括时间、预算、场地、演讲者、报名渠道、发布通知、通知格式、现场人员、物料、现场时间、拍照、礼物、环节、志愿者、PPT等诸多事项（见表8-3）。下面我们一同来看看。

表8-3 新媒体运营线下活动执行策划方案

事项	具体内容
时间	要考虑讲师、同事、公共节假日的时间，以及场地是否有空等，综合这些之后，确定活动时间。活动时长一般为2小时至3小时，不过活动一般会延时半小时到1小时

续表

事项	具体内容
预算	跟老板谈谈，跟同事问问，若有免费资源，一要定用上，比如免费赞助食物、免费提供场地、免费小礼物等。还要考虑是否开发票，发票是否另外加税，是否要定金，现场支付还是提前付款等，这些都提前问明白
场地	现场的Wi-Fi、麦克风、投影仪能不能用？现场吵不吵？电源插座够不够？空调能不能用？场地是否有人协调？是否能有路牌给出指示？场地是否很有名？人流量怎么样？场地是否有微信、微博等账号？场地是否愿意替你做宣传推广活动等？
演讲者	演讲者是否靠谱？会不会准时到达？活动前向演讲者把所有PPT要到，并检查一下，演讲完毕放入群中分享，方便参加者获取。他们的微信或微博账号是什么？主持人可以把演讲者的账号读一次，以加深观众了解
报名渠道	宣传推广的地方有很多，但是报名的渠道只能有一个。避免重复报名，否则多次统计及发邮件通知也容易出错。另外，报名时可以做信息收集，比如报名者是常用App吗？他们怎么知道我们的？有无建议？等等
发布通知	除了报名渠道可以发通知，场地是否可以通知？是否在场地提前张贴海报？是否还有友情渠道可以通知？这些都要搞清楚。报名成功后通知一次，活动前三天再通知一次
通知格式	按照标准方式去写，时间、地点、人物、事件等，让人能在30秒内判断这个活动是否值得参加。注意将时间表、地点、演讲内容简介等干货放前面。用自己的语言多描述一下演讲者，用心写的语言能吸引到人，只写××公司××职位，容易失去关注度
现场人员	确定哪些是必须提前来的人。明确分工，如拍照的、签到的、发礼物的、传递话筒的等等，这样便于检查
物料	海报、现场小礼物、签到表、签到笔（大量）、易拉宝、矿泉水、投影仪、相机等。不少物料需要提前到场，有些需要提前张贴，比如海报
现场时间	有些场地有下一场活动，也有些场地按照时间计算，延时需要另外计费，所以活动及演讲的时间不要延时。另外，延时会导致来的人提前离开，效果也不好。严格按照时间表来进行，若调整，就再计算一次时间。在最后5分钟、1分钟时，要有倒计时提醒
拍照	要拍到现场活动标志、演讲者和PPT、提问者、签到场面、发放礼物，以及离开时跟演讲者继续追问和换联络方式的场景。尽量提前邀请大家在横幅或海报下一起拍合影

续表

事项	具体内容
礼物	带走的礼物可以有贴纸、T恤、帽子、杯子，现场互动的小礼物可以用书籍、零食。礼物不仅仅是用来沟通感情的，重点是广告和传播效果。如能把我们的标志贴在礼物上带到各个地方，传播效果会很好。礼物要有特色，带回去能传播、能给别人看
环节	这里的环节指的是临时策划的环节。定下时间后，去掉演讲、提问的时间，余下来的时间可以策划一些好玩环节。比如可以单身交友，这是大部分人感兴趣的环节。也可以让大家分组讨论，或现场大家每人5分钟轮流分享小故事。当然，策划临时环节也要符合活动主题
志愿者	这部分人有很重要且不可替代的职务，如组织者、主持人。有一些活动谁都能做，这可以让任何人5分钟内加入帮助做，如签到、发小礼物、维持秩序等。另外，志愿者在填写报名表格时要问明白是否愿意成为志愿者
PPT	记得PPT要尽量带上自己组织标志，开头和结束要有大Logo，结束页面有联络方式。尽量转PDF格式，方便会后分享

3. 活动结束后的效果评估与复盘总结

无论是线上还是线下，活动的结束并不意味着我们的工作也结束了，因为我们要整理活动执行的数据并进行效果评估，还要对整个活动执行的过程进行复盘分析。

（1）效果评估：根据数据分析，评估活动效果

新媒体活动实施后，活动本身已经结束，但我们还需要完成效果评估。这项工作与活动整个过程的数据密切相关，因此有必要根据数据分析对活动的效果进行评价。因为活动的效果不能简单地用"好"和"坏"来做主观评价，而是应该用客观的数据来比较分析。

分析活动执行的数据大致分为两个步骤：预埋数据和统计数据。

所谓预埋数据，就是在活动开始前设置数据观察入口、分销链接、促销二维码等，并将过往的数据清零，以便活动结束后的数据统计。预埋数据要将活动合理生成的数据批量导入后台数据库。

例如，某培训机构在报名活动开始前，将两个分销渠道的链接嵌入报名后台数据库中。招生活动结束后，他们直接从后台数据库中提取相关数据并据此分析各渠道的分销情况，进而判断渠道分销的效果。如果事先没有将两个分销渠道的链接嵌入报名后台数据库，就不可能进行后续的分析

第八章 活动策划：策划一场刷爆网络的新媒体活动

和评估。

所谓统计数据，就是在活动开始之后，统计活动整个过程的相关数据。对新媒体活动的准确评价是通过对数据的准确分析得出的。一场新媒体活动的目标不一定只有一个，很可能既要涨粉又要销售产品。因此，在对数据进行分析时，需要对活动目标涉及的所有数据进行统计，然后判断目标的完成情况，并分析原因。

例如，一家公司在微信大奖赛开始前设定的目标是"1500人参与，1000个粉丝，800人转发"。比赛结束后，公司通过数据统计对比赛效果进行了分析。

（2）活动复盘：复盘活动过程，提炼活动经验

新媒体运营中，活动策划很重要，但只会做策划是做不好新媒体运营的。每一场活动的经验都可以带到下一场活动中，要不断地分析和积累，而不是每一场活动都是从头开始。事实上，我们在做活动执行策划的时候，就应该根据已经记录下来的过往活动经验进行策划创新，这样就会积累更多的经验，下一场活动做策划时就能拿到更多的资源，活动也会做得更好，做出真正轰动行业的案例！

活动复盘需要紧扣活动全过程，并注重提炼经验及总结归档。首先，通过个人总结、团队互评的方式，提炼出复盘清单。其次，将复盘清单按照"经验""教训"进行归类与整理，并根据经验和教训进一步写出对后续活动的建议。具体来说，包括以下四个步骤，如表8-4所示。

表8-4 新媒体活动复盘步骤

步骤	操作指导
回顾目标	活动的目标到底达到了没有？有没有得到领导的认可？是否达到了活动最初的预期
评估效果	通过数据来分析活动执行的效果，比如，如果活动目标是涨粉，看看是否真的涨粉了，涨粉数量是多少？如果活动目标是品牌曝光，看看是否真的曝光了，曝光率是多少？微博指数上升了多少？百度指数上升了多少？如果活动目标是带动App下载，那么就要看看带来了多少有效的下载量
分析原因	哪些细节做得好？哪些环节出了问题？为什么活动会成功？为什么这场活动失败了？原因在哪里？这些都需要逐一分析
总结经验	将前面几步的分析过程和结论记录下来，写出复盘笔记并归档，以便于在下一个活动策划时查看。已经被证明有效的部分，下次可以进行复用并将其改造得更加成功

4. 新媒体活动策划流程中能够用到的工具

做营销运营，离不开活动；做活动，离不开工具。做一场好的活动，往往要经历准备阶段、策划阶段、执行阶段、发酵阶段和复盘阶段，每个阶段都需要不同的工具。本文盘点了活动策划整个流程中能够用到的工具，这是一篇有顺序的文章，请一定要按照从头到尾的正确顺序阅读。

需要说明的是，其中有的工具我们已经在本书第六章中介绍过，不过只是介绍了工具本身的主要功能或特点，而从这里的介绍则可以看出它们的具体应用场景及作用。

（1）活动准备阶段能用到的工具

在活动准备阶段，要对过去的运营整体情况进行研究，明确目前所拥有的资源，以制定出可量化的活动目标。除此之外，准备阶段的工作还包括文案写作、活动运营素质的准备等，这些基本功的修炼也需要一些工具来辅助。

在活动的准备阶段有这样几项工作：研究自身、对手和行业情况；目标用户群的确立与属性分析；活动运营人员策划、文案写作能力培养。那么，有哪些工具可能会被用到？如表8-5所示。

表8-5 活动准备阶段能用到的工具

应用场景	应用说明	应用工具
研究自身、对手和行业情况	"大数据导航"包括网站、移动应用、新媒体、社交媒体、广告、投资、演出等数十个领域的数据、查询、分析、调查和排名工具。无论是对自身情况的统计和分析，还是对竞争对手的具体情况的研究和了解，抑或了解整个行业的风向，我们都可以在这里找到相应的应用。我们应根据自己想要获取的数据来选择最合适的分析工具	艾瑞咨询（付费；"为商业决策赋能"）、红麦软件（付费；互联网数据挖掘与信息处理）、尼尔森（付费；市场监测和数据）、百度指数（网络趋势）、CNZZ（流量统计）、百度指数（分析监测）、阿里价格指数（电商数据查询）、易赞（公众号画像）、数说故事（品牌微信排行榜）
目标用户群的确立与属性分析	只有做好活动目标群体的精准化细分，了解这一群体的属性特征和偏好，才能进一步厘清活动的形式、奖品及宣传渠道，举办一场让受众喜闻乐见的活动。在目标群统计分析中，通过抽样调查，可以得到一些用户属性和数据，从而对所有目标对象进行估计和推断	问卷星（在线问卷调查、测评、投票平台）、活动盒子（精准、高效、点对点的SAAS活动运营工具）、调查派（在线自助调查）、腾讯问卷调查（专业的问卷调查系统）、番茄表单（线表单设计和数据管理）、金数据（人人可用的在线表单工具）、麦客（简单好用的表单和联系人管理工具）、问卷网（网络调查平台）、91问问（收集消费者市场调查研究数据）、调查通（在线调查网站）
活动运营人员策划、文案写作能力培养	活动的启动和策划有赖于新媒体运营人员自身的专业素质、创新能力和文案技巧，良好的文案甚至可以直接导致病毒式传播，为活动的预热奠定最坚实的基础。文案策划能力不是天生的，后天通过学习可以培养，关键在于运营人员要多读、	专业文案：《超文案》（朱冰）、《文案发烧》（路克·苏立文）、《文案训练手册》（约瑟夫·休格曼）、《文案创作完全手册》（罗伯特·布莱）、《那些让文案绝望的文案》（小马宋）、《广告文案写作》（菲利普·沃德·博顿）、

第八章 活动策划：策划一场刷爆网络的新媒体活动

续表

应用场景	应用说明	应用工具
活动运营人员策划、文案写作能力培养	多学、多写、多积累。阅读是最好的学习方法。除了专业的文案书籍外，阅读诗歌也是培养文案语感和简洁用词的好方法	《小丰现代汉语广告语法辞典》（丰信东）、《一个广告人的自白》（大卫·奥格威）、《奥格威谈广告》（大卫·奥格威） 诗歌方面的书籍：《新月集》和《飞鸟集》（泰戈尔）、《给孩子的诗》（北岛）、《席慕蓉诗集》、《海子诗全集》、《汪国真精选集》、《再别康桥》（徐志摩）、《你是人间四月天》（林徽因）、《舒婷文集珍藏版：舒婷诗》、《顾城诗选：我会像青草一样呼吸》、《朦胧诗精编：名家经典诗歌系列》

（2）活动策划阶段能用到的工具

在活动策划阶段，策划方案的撰写要起到承前启后的作用，既要与前期所制定的量化目标紧密关联，又要保证后期活动执行的过程顺畅。同时，撰写过程中要反复修改，要做到具有强关联度、有趣吸引、可执行性、传播度。

活动策划阶段的工作主要有这样几项：团队的高效协作、制作宣传海报、活动策划创意的产生、活动策划文案的撰写、活动地点的确定等。每一项工作都可以借助相应的工具，如表8-6所示。

表8-6　活动策划阶段能用到的工具

应用场景	应用说明	应用工具
团队的高效协作	活动的策划不是一个人的事，一般都需要两个或以上的策划人员组成团队，共同参与；同时，还会根据实际的情况，加入设计、产品、程序等相关人员，协助策划案的制定和执行。这就涉及团队的沟通协作问题，如何才能提高整体的工作效率，达到最佳的协作效果？一些常用的团队、文档协作工具能够助一臂之力	钉钉（智能移动办公平台）、Worktile（企业协作办公平台）、印象笔记（同步所有主流平台、剪辑网页、深度搜索、储存重要资料、团队协作、支持第三方）、云表格（用数据重新定义协作）、@Team（基于云服务的企业级协同工作平台）、石墨文档（支持多人同时编辑的在线文档和表格）
制作宣传海报	在条件允许的情况下，可以让UI设计师来进行专门的制作。但大部分的小规模活动，或者设计师不能抽出时间，或者设计的效果不符合策划人员的要求，所以策划人员可以自己制作海报。自制海报需要一些灵感、设计资源和海报制作工具	设计师网址导航（有资源下载、设计教程、高清图库、配色方案、字体设计、灵感创意等300多个实用工具，足以让非设计人员找到灵感，进行简单的海报设计）、PS（在线编辑图片工具）、创客贴（极简图形编辑和平面设计工具）
活动策划创意的产生	活动策划需要创意，好的创意往往能带来意想不到的效果。策划团队的建立也有这样一个层面的考量，可以集中多人的智慧。头脑风暴是产生想法和做出决定的最佳方式之一，可以用于活动策划过程中，过程中团队成员可以集体讨论，提出新的想法，唤起大家的联想，为创造性地完成规划方案提供更多的可能性。为保证头脑风暴更好、更有效，可以使用思维导图、流程图等辅助软件。它们通过简单的图形形式生动地展现了主题之间的相互关系，有助于发散思维的最大化表达	XMind（商业思维导图软件）、Mindjet（思维导图软件）、FreeMind（思维导图软件）、iMindMap（思维导图软件）、百度脑图（在线脑图编辑软件）、MINDPIN TEAM（在线思维导图软件）、Mindomo（在线思维导图软件；需注册）、ProcessOn（在线协作绘图平台；需注册）、亿图edraw（绘图软件；需下载）

续表

应用场景	应用说明	应用工具
活动策划文案的撰写	一份完整的活动策划文案，应包括活动主题、宣传文案、背景、目标受众、时间、地点、参与规则、奖项设置、注意事项等许多事项，除主题和宣传外，其他内容均为直截了当地表述，简洁明了，不事雕琢；而活动的主题和宣传则需要精心雕琢，从用词到内涵都必须恰到好处、引人入胜、突出。至于活动主题和宣传文案的撰写方式和方法，除了完全由策划人自己创作外，也可以模仿、借鉴他人的经典文案，这是一种快捷有效的方式	活动文案的撰写主要需要三个有效工具：头脑风暴，是通过想象和联想产生新观念或激发创新设想；借势热点，通常来自微博、百度、今日头条、知乎、网易新闻等平台；策划选题，挖掘在日常工作和生活中的痛点，懂得利用客户的这些负面情绪策划选题
活动地点的确定	做新媒体运营，确定活动将在什么地方举办很重要。一般来说，我们把活动分为在线状态的线上和脱机状态的线下两大类型，两者的场地选择和要求各不相同，所借助的工具也各有不同	线上活动场地依托于网络，按照活动的属性和形式，一般有两种情况：一是不需要借助第三方平台，活动完全在自己的官网、App应用进行，比如支付宝集福活动；二是借助于第三方软件、平台，作为活动开展的场地。线上活动借助的社群平台有微信群、微博群、QQ群；社交媒体平台有微信、微博、QQ、百度贴吧、豆瓣、知乎、天涯论坛、人人网、猫扑；直播平台有YY直播、斗鱼TV、bilibili（B站）、虎牙直播、花椒直播、映客直播 线下活动的场地选择就要复杂得多，需要根据活动参与人数确定场地的大小、类型（酒店、会展中心、咖啡厅、剧院、私人场所等），还要考虑场地周围的环境，包括交通便利程度、人流量状况、所处的位置等等。总之，既要符合自己的活动类型，又得满足活动对象参与活动的便利性。线下活动场地查找预订网站有场地网、淘会场、云Space、百场汇、会唐网、31会议

（3）活动执行阶段能用到的工具

当策划阶段顺利完成后，就到了把策划方案一一付诸行动的时候。

活动执行阶段的工作主要活动的发起以及活动的预热推广，借助相应的工具，可以很好地完成这两项工作，如表8-7所示。

表8-7 活动执行阶段能用到的工具

应用场景	应用说明	应用工具
活动启动	在线下启动活动是比较常见，不过借助网络则能广而告之。通过专业的平台发布活动信息，将整个活动提前放到平台上，是一个可行的宣传渠道与方式选择，以此向公众通报活动的相关信息，并为大家提供报名入口	活动树、活动行、活动网、爱活动、互动吧、活动家、会鸽、市场部网
活动预热推广	有效的活动预热推广，关键在于渠道的选择和投放。如果没有强大的渠道做支撑，创意再好的活动都是徒劳无功的	◆官网站内推广，利用产品官网来推广活动 ◆官方媒体为活动打头炮，最主要的还是微博和微信 ◆自媒体平台是内容分发渠道，更适合持续输出内容，获得大量粉丝用户 ◆到易企秀、iH5、Maka等H5营销平台上传（制作）你的活动页面 ◆到垂直行业的论坛里发活动推广帖，如母婴行业的妈妈网、摇篮网、母婴贴吧、育儿网、宝宝树、丫丫网、孩子王、优谈宝宝、爱早教网、驴妈妈亲子游、母婴之家、蜜芽宝贝，餐饮行业的大众点评网、美团网、中华美食网、二维火社区、中国吃网、餐饮网、下厨房、红餐网、餐饮界、百年餐饮网等，服饰行业的淘宝论坛、蘑菇街、美丽说、今日特卖、什么值得买、中国服装网论坛、穿针引线网、中国服装人网、女装网等 ◆在知乎、猫扑、天涯、豆瓣、贴吧等大型知名社区重点推广 ◆在微信群、QQ群、豆瓣群、微博群等垂直社群推广 ◆将制作精美的活动海报可以发布Instagram、nice等图片社交App，可能会吸引一些人关注你的活动

续表

应用场景	应用说明	应用工具
活动预热推广	有效的活动预热推广，关键在于渠道的选择和投放。如果没有强大的渠道做支撑，创意再好的活动都是徒劳无功的	◆大号KOL软文投放，目前比较受欢迎的KOL有软文如咪蒙、王左中右、深夜发媸、胡辛束（贩卖少女心）、文案摇滚帮（专业广告写手）、反裤衩阵地、YangFanJame、黎贝卡的异想世界（被誉为"买神"）、石榴婆报告、六神磊磊、李铁根、商务范，插画如天才小熊猫、顾爷、同道大叔、喃东尼，明星如薛之谦、大张伟、胡歌、杨幂，视频如一条、艾克里里 ◆微信公众平台申请开通广告主，可以拥有海量的用户，投放朋友圈广告能够获得潜在优质粉丝，发放微信卡券等 ◆微博首页广告推广也是一个大流量渠道，小米手机5做降价200元的活动就在首页的广告位展示了活动信息 ◆百度竞价推广（付费的网络推广方式）、广点通和粉丝通（比较精准的流量渠道） ◆网盟推广是按点击付费的，而且每日预计也是可以设置的 ◆新榜贴片广告，主要专注于自媒体方面的广告投放，明码实价标注，且资源较丰富，既有较多选择又可以估算ROI

（4）活动复盘阶段能用到的工具

一场活动的举行，不管最后是成功了还是失败了，都应该对整个活动进行分析总结，更深入的分析就是复盘。复盘需要活动相关人员亲自完成，同样需要借助一些工具，如表8-8所示。

表8-8　活动复盘阶段能用到的工具

应用场景	应用说明	应用工具
活动总结PPT	复盘完成后，要向上级汇报以及与大家分享成果经验，这时需要做一份漂亮的PPT。好的PPT模板素材很关键，相关工具也是必不可少的	OfficePLUS、演界网、稻壳儿、优品PPT、扑奔网、PPT设计教程网、我图网、无忧PPT、第一PPT、变色龙

续表

应用场景	应用说明	应用工具
PR稿的投放	当所有的工作结束之后，需要出一篇PR稿，以进一步扩大活动的影响，也为下次的活动打基础。这时，要明确活动PR稿要投放的渠道	科技媒体有门户新闻或IT、移动互联网相关频道，如虎嗅网、钛媒体、雷锋网、36氪、i黑马、极客公园、速途网等；社交论坛有百度贴吧、天涯论坛、QQ群、微信群等；微博、公众号付费大V；综合性门户网站有新浪、网易、搜狐、腾讯、百度、新华网、人民网、凤凰网等；传统媒体有报纸、广播、电视、户外等

第九章
对标补差：
看看新媒体运营高手的做法

新媒体在品牌营销中的作用日渐受到重视，现实中有许多品牌做新媒体营销都收到了很好的效果。本章描述和分析的《囧妈》电影、支付宝"中国锦鲤"出境游抽奖活动、苹果《三分钟》微电影，以及舒客、索菲亚、半亩花田等几个案例，都是通过新媒体形式进行的营销，既达到了品牌传播层面上的四两拨千斤，又带来了产品的销量增长。企业如何借新媒体实现蝶变升级，这些成功案例会有所启发。

1.《囧妈》电影：疫情"黑天鹅"事件下的免费播

2020年1月25日凌晨，电影《囧妈》在字节跳动旗下的抖音、西瓜视频、今日头条等四大网络平台免费上线，供全国观众收看。据凤凰网报道的数据，截至1月27日，《囧妈》在四大网络平台及智能电视鲜时光的总播放量超过6亿次，总观看人次达1.8亿。这是2020年第一则刷屏事件。《囧妈》和字节跳动其背后又藏着哪些商业逻辑？

（1）《囧妈》不走院线路线，开创免费小银幕播映商业模式

疫情"黑天鹅"事件爆发后，《唐人街探案3》《囧妈》《姜子牙》《夺冠》（也就是《中国女排》）《紧急救援》《急先锋》《熊出没》等七部春节档贺岁片纷纷改撤档下线。就在这时，《囧妈》却以前无古人的免费方式登陆网络平台。

中国的电影商业模式长期以来走的是院线路线，电影上映窗口期过了之后，再由以爱奇艺、优酷、腾讯为代表的线上流媒体平台购买版权进行播放。而《囧妈》片商欢喜传媒却与新媒体平台字节跳动开展合作，从大年初一零时起，在手机端的抖音、今日头条、西瓜视频、抖音火山版及其他线上渠道进行免费上映。这种未经过院线就直接在新媒体平台免费播出的方式，无疑打破了中国电影院线路线的运营规则，开创了中国电影小银

第九章 对标补差：看看新媒体运营高手的做法

幕播映的商业模式。

营销的基点是目标用户，其本质是取悦用户。从市场营销的角度来说，我们应该为《囧妈》点赞：首先，《囧妈》在疫情之下免费播放，获得了无数人的点赞，从而成为一个高评论、高口碑的营销案例。其次，《囧妈》的免费播出有可能改变原有的新电影发行模式，成为产业发展过程中的里程碑。最后，在商业利益方面，这一举措基本上形成了各方低成本共赢的局面，是一个高效的营销案例。

《囧妈》的营销运作具有启发性。在"天"不时的情况下，以新的方式回应社会的共同认知，可以找到新的生机；在"地"不利的情况下，可以转移阵地，到网络上寻找新媒体机会，最终实现生态链的"人"的共赢。

（2）字节跳动联手《囧妈》，实现新媒体电影行业营销突破

字节跳动在视频领域，有抖音、西瓜视频、火山小视频、"三驾马车"。作为新媒体电影行业翘楚，字节跳动联手《囧妈》，在灾难性的重大事件中以免费馈赠观众观影的方式，成功实现了营销突破，制造了与《囧妈》几乎同等量级的话题影响力，堪称教科书式的营销，是行业有史以来首个载入史册的商业案例。

作为颇具实力的新媒体平台，字节跳动以优质内容积攒了触达用户的应用，无论是图文形式的内涵段子，还是短视频形式的抖音和火山等。但在长视频这个领域，字节跳动需要找到一条出路，而《囧妈》正好给它提供了可以抄近路的契机。长视频一直是爱优腾不曾涉足的领域，因为它们要考虑线下影院的感受，而字节跳动试水长视频，无疑具有战略意义。业内人士认为，未来的长视频战场或许会从现在的爱优腾"三足鼎立"变为

"群雄混战",而随着用户付费能力的增强,会有更多的玩家进场。

字节跳动联手《囧妈》的启示意义在于:内容+流量+终端,应该成为新媒体平台及所有互联网公司的产品闭环。

有人说,《囧妈》与字节跳动牵手的背后,是字节跳动与欢喜传媒在未来的战略合作版图,也是徐峥及出品方的一场自救。其实不管怎么说,这一事件中的疫情"黑天鹅"事件、"宅经济",以及新媒体电影、免费播、突破式运营等种种"物象",都值得新媒体运营者深思。

2. 支付宝："中国锦鲤"大奖打造的病毒式传播

为了率先抢占海外支付市场，增强消费者对支付宝海外支付的认同，支付宝于2018年十一黄金周在微博上推出了"中国锦鲤"出境游抽奖活动。各大国际品牌纷纷派发奖品，奖品总价值超过100万元，最终从约300万用户中抽取一位"中国锦鲤"。这一活动在全国范围内引起了网民的广泛关注，并在短时间内增加了支付宝的曝光率和使用频率，在消费者和企业之间迅速蔓延，给企业带来了品牌乘数效应。

（1）"中国锦鲤"四阶段：冷启动、造势、收官、二次传播

"中国锦鲤"的整个事件的病毒式传播活动可分为四个阶段：冷启动阶段、造势阶段、收官阶段和二次传播阶段。

先来看冷启动阶段。

支付宝在做"中国锦鲤"营销活动之前是没有预热的，在微博发布活动通知前没有在其他任何线上或线下渠道发布消息。这是一次真正意义上的"冷启动"，但在发布信息6小时之后，锦鲤微博的转发量就突破了100万次，可见微博的社交潜力有多大。事实上，微信是"社交""互动"这些概念的代言，而微博的这次表现让人出乎意料而又意外惊喜。究其原因，参与者、海报、新概念及微信是不可忽视的几个成功点。

此次"锦鲤"活动的参与者有大量品牌，但支付宝做活动时，没有将获奖"锦鲤"得到的礼物直接给出，而是发微博让大家去看评论区。这条微博甫一发布，迅速引来大量的商家在评论区表达对"锦鲤"的宠爱和尊敬。而这上百条商家的评论并非是在一天之内陆续更新的，而是在不到一小时之内就全部完成评论转发。个中奥妙，很可能是运营团队预埋了品牌合作方，并且要求这些品牌在规定的时间内做完这些动作。品牌合作方的集中式参与、转发，不仅扩大了影响力，也提升了整个活动的势能，让该项活动在几个小时内迅速形成浩大声势。

奖品海报在启动阶段的作用必须说一说。在活动微博发布正好一小时之后，奖品清单的海报就出现在了留言区。在当时的场景中，活动开始一小时就已经累计了数万的用户，大家的兴趣主要集中在这个活动上，想弄明白这是一个怎样的活动，并且讨论会有哪些品牌和商家来凑热闹，谁家给的多，谁家给的少。就在这时候，让人眼花缭乱的海报出现了，而且在很大程度上超出了用户的心理预期，引起了用户心中那种"哇"的惊叹感，从而有效撬动了品牌合作方这些早期参与者的参与热情。而品牌合作方的转发则带来了更多的用户，让病毒式传播进入一个正向的循环之中。

支付宝在最开始发布活动时就使用了"锦鲤"的概念，其微博文案的第一句便是"祝你成为中国锦鲤"。"锦鲤"这个词用得非常好，它和微博生态非常契合，具备极强的传播性。选择了"中国锦鲤"的概念就像选择一个优秀的广告词。用户看到"祝你成为中国锦鲤"的文案后，可以直接参与并转发，无须重新措辞或发明新概念，这就将信息传递阻力降到了最低。于是，"锦鲤"成了此次活动的一个引爆点；而支付宝团队这样做，实在是明智的。

第九章 对标补差：看看新媒体运营高手的做法

支付宝微博活动通知发布后，其微信官方账号立即做跟进发布。微信官方账号的跟进是非常有特点的，其题目是"2个事"，可谓简单明了。由于支付宝微信官方账号的长期良好维护，这篇推文的阅读量很快超过了10W+。从而给作为主战场的微博提供了大量的有效流量。

再来看造势阶段。

支付宝在微博发布活动通知当天就完成了一次成功的冷启动，在此之后到正式揭晓抽奖结果之间的这段时间，支付宝都在积极造势。在这个过程中，制造话题和渠道渗入是两大亮点。

在活动过程中，获奖概率达到了极为夸张的三百万分之一。而支付宝的微博账号反复提到"三百万分之一的中奖概率"，这让人们意识到这是多么的不可思议。与此同时，拥有2700万粉丝的微博大V回忆专用小马甲及时发布了"三百万分一意味着什么"的海报。大家对"三百万分之一的获奖概率"愈加好奇，人人都想知道在谁的身上能发生这样的奇迹。这个营销活动发展到中局，就已显现出要刷屏的潜力。

微信朋友圈和微博是两个生态系统。微博的热门搜索往往是娱乐明星，但朋友圈主要是个人身份加上一些官方账号分享。跨平台沟通并不容易，但支付宝做到了。支付宝采取的方式，是借助"基于话题的分发逻辑"切入微信朋友圈的流量池，从而有效渗入微信渠道。其具体的做法是，在朋友圈转发免单页，以提高抽中"中国锦鲤"的概率。支付宝甚至还提供了话术，这样一来，借助"支付宝全球免单"的话题，支付宝成功地将"中国锦鲤"互动带入到微信生态中。

事实上，支付宝在使用"中国锦鲤"这个概念的同时，还有另一项活动，这就是免费的随机旅行。比如，如果你在泰国吃饭，在日本买一双鞋,在美国买票,只要使用支付宝支付,就可能免费。这样的活动必将大大提高出国游客们线下交易使用支付宝而不使用微信的可能性,更别出心裁的是,这一福利活动最终竟然成为支付宝锦鲤活动的一种分销手段。

接着来看收官阶段。

这场在开局就注定会火的营销活动,在收官阶段,支付宝通过视频、话题、导客这几个动作,顺利地将话题引爆于社交网络。

在宣布获奖者时,支付宝发了两条微博。首先是按照微博抽奖的一般流程公布获奖者。在这条微博下边,有用户问,这些奖品折合成现金大概是多少?几百万元甚至是几千万元现金的话题性、有趣性、新奇性,无论如何都比不过这样一份高格调甚至是有些猎奇的清单。随后,支付宝发布了一段视频,将奖品列表做成了一个长达数米的条幅,几个人拽着条幅外端,拍摄者从头拍摄到尾,拽着条幅的每一个人在镜头中都展现出兴奋状态。看了这段视频的人,一定是"嫉妒使我质壁分离",可能有的人会"面容扭曲到丑陋"。这样的创意视频是很厉害的,能够将奖品清单本身的话题性最大化。

获得"中国锦鲤全球免单大礼包"后的信小呆本人在微博上回复了这样一句话:"我下半生是不是不用工作了???"就这么简短的一句,不仅具备极强的传播性,而且它本身是一个"梗",甚至是一个痛点。现实中有多少人在为工作压力而郁闷着,而获得这样的大奖就不用再工作了,其诱惑性不难想象。所以,信小呆同学虽然只说了这么一句,就已经有了传播力。奖励公布后,支付宝鼓励大家去信小呆的微博下回复。其实不用支付宝提醒,大家肯定会自动去的,因为这是一种非常自然的引导,必将令用户的注意力集中在这位幸运的"锦鲤"得主身上。事实上,信小呆的微博下有许多来自"锦鲤"的评论。

最后来看二次传播阶段。

支付宝的"中国锦鲤"营销事情发展到这里,似乎已经结束了。其实,还没有结束。该活动的二次传播势头也很猛。数万人正在感叹信小呆好幸运时,演员李现转发了信小呆的微博,还配文称"转发这条锦鲤,我也不想工作","李现转发信小呆微博"的消息迅速攀升成为热搜榜第一名,"锦鲤"活动的势头经二次传播持续不减。信小呆是李现的粉丝,而李现转发信小呆的微博,又是支付宝团队的运作。在一个活动已经如此成功的情况下,还在寻找新的话题空间,支付宝团队的实力确实很强。

在微博上影响力巨大的小野妹子学吐槽,常常从日文推特中转发图片文字,并附以无责任吐槽。信小呆获奖当晚,小野妹子学吐槽的"讲讲你的锦鲤附体经历"成为大家讨论的话题。当时许多人还充满着对整个事件的巨大热情,所以回复下边全部都是"没有"两个字,自嘲感满分。事实上,这个话题本身也迅速登上了热搜,并获得接近1亿次的阅读量。这个发声,也让二次传播进一步完成。

(2)"中国锦鲤"活动成功关键要素:人+内容+细节

仔细分析支付宝"中国锦鲤"营销活动成功的原因,有这样几个值得关注的成功点:人、内容、细节。

在人这方面,支付宝确定了有影响力的个人群体,一是利用微博大V制造可传播性话题,二是信小呆本人制造的可传播性话题。

支付宝"中国锦鲤"活动中的大V群体具有很强的影响力,他们可以使"锦鲤"活动传播得更快、更有效。大V群体微博里的每一条消息都有自己的裂变属性和社会属性,并且它们之间的互联互通,能通过一系列的方案引起微博用户的关注,并最终融入计划中的用户中。拥有 2700 万粉丝的微博大 V 回忆专用小马甲适时发布了"三百万分之一意味着什么"的海报;1700 万粉丝大 V 开启了"锦鲤"话题;每一个企业蓝 V 都响应支付宝的号召将微博作为活动转发。

在本次活动中,支付宝寻找不同的候选人,然后请专业团队进行在线调查,包括候选人的资质、家庭出身、性格等。最后,确定信小呆有利于进一步扩大活动范围。经过甄选和公告,支付宝同时联系了多个营销号,并购买了新浪热门搜索。

在内容方面,支付宝设计出了具有高传播性的文案内容,一是打造序列文案,二是确定有吸引力的传播关键点。

为了吸引粉丝和裂变客户,支付宝团队精心策划了序列文案。这些文案的篇幅虽然不长,但它包含了"国庆""出境游""锦鲤礼包"等三项吸引消费者眼球的内容,涵盖多个细分市场,导致这次抽奖取得了很好的效果,大家都想参加并成为"锦鲤",从而达到了吸引粉丝和裂变客户的目的。

"中国锦鲤"营销活动抓住"低成本、高价值、高诱惑、相关联"这四个关键点,活动中的商家遍布全球并且涵盖"吃、穿、住、行"等领域。作为支付宝运营团队预埋的品牌合作伙伴,商家通过指定的互动模式参与活动。这些商家几乎与活动开始的时间同步在评论区晒出各自的"礼物",使参与商家的数量迅速上升达百家。此外,"中国锦鲤"得到的"礼物"不是直接给出的,而是需要查看评论区获得。这种方式使得每个人都自愿加入到话题讨论中,并通过转发,扩大了活动的影响范围。由于抓住

第九章 对标补差：看看新媒体运营高手的做法

了有吸引力的传播关键点，本次活动取得了多方共赢的效果：支付宝通过发微博，低成本地整合了各大合作商，并且每个合作商出的礼品汇集成了这次"锦鲤大礼包"。这对于参与的商家而言，是一次很好的产品营销平台，使商家同样可以低成本地实现产品曝光。

在细节方面，支付宝充分关注传播细节，比如利用杠杆作用发挥群众的力量。支付宝公布的"锦鲤大礼包"奖品价格远远超出了用户的心理预期，极大地调动了早期参与者的积极性。他们的转发将带来更多的用户，通过这种杠杆作用，传播进入一个良性循环中。

在所有的营销活动中，裂变都可以吸引目标客户群，让那些没有参与进来的人产生好奇心，从而形成"想进来"的内驱力。与此同时，让新进入者获得一个新的主张以及更多的欲罢不能的诱惑，让他们自发地去吸引更多的人前来参与。

支付宝微博中的"祝你成为中国锦鲤"，其"锦鲤"一词的含义正如前面所说的那样，已具备足够的话题度，在良好的广告效应下，用户无须太多花时间去理解这个新概念，就可以直接参与、转发，并且可以高度传播。

（3）"中国锦鲤"成功，微博功不可没

支付宝在活动期间巧妙利用了国内最大社交平台——微博进行宣传，使病毒式营销策略在短时间内取得了巨大成功。支付宝市场国际负责人张瑞在"中国锦鲤"成为营销热词之后，对此次事件进行了一次复盘。他认为，微博之所以能够引爆"中国锦鲤"，是因为微博用户与品牌官微间存在一条信任的纽带。对于微博作为开放性社交媒体平台的价值，张瑞提到一个有趣的数字，在支付宝备选的微博、推特、Facebook等传播平台中，超过60%的商户都首选用微博。最终效果也验证了商家的选择，比如一个只有400个粉丝的官方账号在此过程中被点赞2万次，这在其他平台是无法想象的。

全球商家首选微博，其实是有原因的。被称为"80万蓝V总教头"的海尔官微，于2017年"5·20"（网络情人节又被称为"结婚吉日""表白日""撒娇日""求爱节"，是信息时代的爱情节日，定于每年的5月20日和5月21日。该节日源于歌手范晓萱的《数字恋爱》中"520"被喻成"我爱你"）前后，曾经与100名蓝V合作，推广由品牌派对组成的转发抽奖活动。经过这次营销，近3000名蓝V加入了海尔领导的7个蓝V社区，粉丝总数超过3亿人。在一次次的互动中，微博蓝V与其粉丝的关系发生了微妙的变化。事实上，巨量蓝V加入海尔微博，不仅给海尔带来了品牌营销，也直接影响了海尔的产品研发。2018年，海尔根据微博用户的反馈，生产了一台洗土豆的洗衣机。微博的力量，由此可见。

回到支付宝的这次活动。支付宝转发微博"锦鲤"的消息传出后，在接下来的一周里出现了许多意想不到的惊喜。一些最先转发"锦鲤"的人实现了自己的愿望，来到微博上更新最新状况。这种心理随着参与者的增多而发酵并成为一种趋势。

信小呆被支付宝抽中前，在天津当IT工程师。得奖后，她成为"锦鲤"的代言人。除了一夜之间百万富翁的崛起，"锦鲤"在世界上吃吃喝喝的故事也将通过微博不断更新，这是一个营销IP，达成了"中国锦鲤"的使命。

支付宝将微博作为一个开放的平台，上面有支付宝的用户，有全球的

第九章　对标补差：看看新媒体运营高手的做法

商户和有影响力的媒体,所以支付宝在微博上首先发力。"中国锦鲤"调动了全球的商家、支付宝的用户以及所有媒体的力量,形成了生态合力,最后才会有这样的成果。"中国锦鲤"营销活动获得成功,微博功不可没。

3. 苹果：《三分钟》微电影以情感内容传达品牌价值理念

2018年2月1日，苹果公司联手陈可辛导演打造的中国春节营销微电影《三分钟》发布。影片以春运为背景，讲述了一位列车乘务员母亲在过年期间和儿子在站台短暂会面的"三分钟"。影片播出后，立刻引发了微博、微信等主要社交平台的刷屏狂潮。该片最大亮点是以情感内容传达品牌价值理念。

（1）陈可辛用镜头表现情感力量

陈可辛导演以《如果·爱》《亲爱的》等优秀作品正式进军内地。作为香港最出色的"感动制造专家"之一，他非常擅长描绘触动人心的细腻情感。

《三分钟》的整个短片是陈可辛用iPhone X拍摄的，当时他还使用了很多比苹果手机更贵的专业拍摄设备，比如无人机、摄像机，以及比手机更专业的镜头和监视器。尽管设备简单，陈可辛使用的许多技术是值得我们学习的。例如，列车通过隧道时，会延迟拍摄，用慢镜头创造出完整的真实感，浓缩时间的艺术，以及从儿童的角度拍摄特殊角度的镜头、注意人像的灯光效果、创造出电影的感觉等，《三分钟》的热点之一就是一个

第九章 对标补差：看看新媒体运营高手的做法

曾多次获奖的大导演只用一部手机拍摄。

（2）苹果用《三分钟》赋予品牌温度

苹果是一个知名的高科技品牌，但"高大上"的品牌形象对公众有一种距离感。为了继续加强中国消费者与苹果品牌之间的紧密联系，春节是一个大好时机。作为一个外国品牌，苹果如何能利用春节这个重要机会，通过产品传递品牌价值来加深情感联系？

中国人过春节，核心意义是团圆，但人们已逐渐将团圆当成了春节理所当然的惯例，有些人甚至视其为一种负担，不愿归乡。如何让人们重新审视这一年一次的团圆的特别意义？在一个偶然的机会，充满人情味的苹果创意团队为一则真实的故事所触动：一位在春节期间当班的长途列车乘务员母亲，利用火车停靠家乡的短短几分钟，和年幼的儿子在站台上匆匆团聚⋯⋯后来，苹果创意团队与擅长讲情感故事的知名导演陈可辛合作，用 iPhone X 拍摄了《三分钟》的宝贵团圆，号召人们珍惜和亲人在一起的时刻。

苹果与优酷土豆特约媒体合作，在视频网站上以电影营销的形式预热《三分钟》。在短片上映前夕，苹果团队通过 15 秒的预告片，虽然没有提及任何品牌，但制造的悬念引起了大家的期待和关注。同时，苹果团队在全国 13 个主要城市以电影海报形式发布了大型户外广告，提高了人们对短片的期待。在春节第一天，《三分钟》在北京举行了小型首映式。陈可辛亲自出席，并首次分享了用 iPhone X 制作电影的经验和体会。随后，《三分钟》完整影片正式登陆各大主流视频网站和品牌官网。

《三分钟》上映后，瞬间出现现象级刷屏，总浏览量高达 1.3 亿次，产生了极大的社会和文化影响力，深化了和中国消费者的情感联系。《三分钟》被包括《人民日报》在内的多家新闻媒体报道，誉为"营销新榜样"。《三分钟》还掀起了人们对春节文化的热议。很多观众感动地分享了自身春运的经历，不少人还拍摄了自己的团圆故事，还有人甚至用乐高玩具翻拍了《三分钟》。《三分钟》还带动了品牌微信公众号涨粉。品牌亲和力的增强也对业绩起到了一定程度的影响。苹果首席执行官蒂姆·库克也在当季度财报中宣称，iPhone X 是该季度最受中国消费者欢迎的智能手机。

苹果塑造了自己独特的品牌个性与品牌主张，让中国的用户感受到苹果真的让生活更美好。

第九章 对标补差：看看新媒体运营高手的做法

4. 舒客：用不一样的方式做新媒体跨界营销

舒客是知名口腔护理品牌，在做品牌新媒体时，通过新媒体跨界，与其他品牌在一起合作，不断地给用户制造曝光机会，激发讨论，品牌理念润物细无声地影响用户，从而实现了深层次的营销效果。

（1）舒客蓝V号：内容产出＋跨界营销

蓝V号是社交媒体上的企业号，个人账号则是橙色V。通过蓝V与消费者沟通是目前十分流行的方式。舒客组建微信蓝V号时，在很短时间内就收获了50多万粉丝，平均一篇推文的阅读量在2万次至3万次之间，而平均粉丝留言更是达到了1000条至2000条。为什么舒客的官方蓝V号有如此高度而持续的关注度？关键在于内容，在舒客看来，内容就是最好的沟通方式。舒客建立了独立的内容团队，类似于网站的编辑部，专门负责内容的生产和输出，还负责用户的运营和维系。

舒客的官方蓝V号是"双微"，即微博公众号和微信公众号。在微信方面，舒客注重用高质量的语言与用户进行情感交流。内容团队每月根据每个时间节点，从口腔专业产品介绍、口腔知识普及、发行福利、产品组合等方面进行选题策划，确保内容的持续有效输出。在微博方面，舒克选择了浅阅读的形式，用年轻化的语言与年轻用户交流。舒克深谙微博用户心理，在形象上为自己进行人性化的设计：小舒是男孩，小客是女孩，这些都以"贱萌"的形象出现。

舒客的内容不仅仅止于产品、代言人和口腔知识，对于网络热点内容的再制造、重构，也带给了舒客更进一步的关注与再传播。比如，舒客对吴亦凡新歌《想你》中"即使淋着大雨，我像鲨鱼从不畏惧保护着你"的歌词进行再创造，因吴亦凡的粉丝自称"鲵"（娃娃鱼），而将吴亦凡引申为"鲨鱼"，所以创作了一大波情话，引爆了吴亦凡的粉丝圈，导致粉丝大规模改 ID 为"被鲨鱼保护着的鲵"，与之相关联的舒客产品也被卖断货。

跨界营销对于舒客蓝 V 号具有特殊意义。事实上，舒客多次与其他品牌进行跨界营销，比如，舒客与百草味合作，开启了一场主题为"牙齿动起来"的整合营销活动。通过此次合作，舒客聚拢了线下人流，让更多年轻消费者认识到电动牙刷产品。又如，舒客与貌似相隔很远的辣条品牌卫龙进行了一次跨界营销，舒客团队的一个"膏粽状元"的文案在微博刷屏了，连粉丝都纷纷表示"这波操作666"。舒客通过植入电视剧《恋爱先生》也获得了成功，《恋爱先生》中的三名主角都是牙科专业出身，而舒客口腔护理中心是剧中的主要故事场景，剧情中自然少不了对口腔知识和舒客口腔产品的科普与推广。如今，频繁的跨界营销已成为舒客官微的标志之一。通过跨界营销，舒客蓝 V 号更加活跃了。

（2）舒客跨界营销玩法：渠道＋资源置换＋资源整合＋合作

舒客通过长期探索找到了独特的营销之路，分为四种类型的玩法：一是建立微博和微信公众号，先把渠道做起来，然后再慢慢完善。在公众号方面，舒客的推文频率不是非常高，但每一篇都能有很丰富的互动。推文中时不时会出现其他品牌的身影，很明显，这就是线上跨界营销的体现，有了和其他品牌的联合，自然不愁推不出亮点内容。二是品牌资源置换。舒客在2017年春节的时候，联合56个品牌共同发起群星送礼活动，除了攒了一波话题以及用户活跃度之外，更是积累起品牌合作的基础。三是资源整合。舒客和今日头条共同发起口腔白皮书，非常"高大上"的报告瞬间让品牌变得非常专业。四是IP合作。和游戏或者热门电视剧合作也是一个爆点。舒客在这方面和很多品牌采用的手法类似，推出定制款。

舒客的跨界营销实践说明，品牌跨界就是创新话题、拉用户，这种形式对年轻人很有吸引力。

5. 索菲亚：以小程序矩阵打造完整的变现闭环

索菲亚是一家家居公司，它在小程序方面的布局非常完善，目前已经打造出了索菲亚微家装、荐尺有礼、有美家和索菲亚商城等四个小程序。表面上看，这些小程序都很普通，但深入研究就会发现，这些小程序分别扮演着不同的角色，承担着不同的功能，使索菲亚的新媒体矩阵能够形成一个完整的引流、留存、裂变和变现的商业闭环。

（1）引流：通过公众号直接触达小程序页面

公众号是索菲亚小程序一个重要的引流途径。索菲亚直接在公众号菜单栏中添加小程序链接，用户可以通过这里直接触达小程序页面。

索菲亚有索菲亚全屋定制、索菲亚衣柜和索菲亚微家装三个微信公众号，这三个公众号总粉丝数就有几百万，大流量下的小程序完全可以顺利冷启动，引入第一批粉丝流量，并且这种引流方式也不是短期的，而是长期的持续引流，这就能保证会有源源不断的流量进入，让小程序持续运转。

（2）留存：消除疑虑，用品牌展示来增强信任感

在流量进来后，接下来要考虑的，就是用户的留存问题。既然最终

目的是变现,那么首先就要让用户对你产生信任感。这里所说的信任感,并不是用户不会担心你骗他,而是用户相信你能帮他(她)设计出让他(她)满意的家居。要解决这个问题,就要给用户进行充分的品牌展示。这个时候,索菲亚微家装和有美家这两款小程序就派上了用场。

索菲亚微家装用来展示索菲亚的品牌。用户进入这个小程序,可以直接看到很多全屋定制的精选案例,每个案例还配有专门的详细讲解文字,让用户对每一种设计风格都能有更深的了解。精美的图片加上生动的文字,可以满足有装修定制需求的用户,这些内容会深深吸引用户,让用户对这个品牌的好感度大增。

有美家为用户展示索菲亚用户自己实拍的装修效果,不仅有精选案例,同时还设有"晒家"页面,消费者可以直接把自己的装修效果图片展示出来。

(3)裂变:通过利益驱动,实现用户增长

索菲亚在新用户的获取方面有一套用户裂变机制。在荐尺有礼小程序里,用户可以将推荐链接分享给自己的朋友,对方按照流程预约设计师上门量尺,待量尺成功后,推荐人就可以获得家居礼品奖励。这些家居礼品也不是普普通通的小物件,而是精美、实用、有一定价值的家居用品,这也让用户分享转发的欲望大大增强。

另外,在索菲亚商城小程序里还专门设置了"砍价商品列表",这里的商品全都可以让别人帮你砍价,砍价的人越多价格越低。这种社交电商的玩法,表面上是在砍价,实际上是让老用户不断带来新用户,既能赚钱,又能获客,一举两得。索菲亚微家装也有帮助用户计算装修预算的"计算预算"。利益驱动才是用户裂变的核心思维。

新媒体运营——电商人从零开始学运营

（4）变现："电商平台+全屋定制"变现途径

索菲亚小程序最主要的变现途径是电商平台和全屋定制。在电商方面，索菲亚在托索菲亚商城小程序，推出了多种家电产品和定制产品，用户可以直接在线订购。在定制方面，索菲亚的小程序中到处都有"0元设计"的链接，用户点击链接到登录页面后填写个人资料，当索菲亚获得这些用户的个人信息后，就会与用户联系，进行下一步操作，最后完成变现。

索菲亚的小程序变现实践对我们有三点启示：第一，"公众号+小程序"是一个可行的方法，这种方式能够打造私域流量池。第二，打造新媒体变现闭环，缺少任何一个部分都不完整。企业如果想在小程序上发力，可以按照"引流—留存—裂变—变现"的变现闭环小程序布局。第三，小程序的使用场景很"轻"，不会给用户太多的压迫感，随时可用，用完即走，如果给小程序赋予太多功能，反而会使用户感觉眼花缭乱。索菲亚不是把所有的功能都集中在同一个小程序上，而是由四款小程序分别担任不同的角色。这说明小程序的功能在精不在多。

第九章 对标补差：看看新媒体运营高手的做法

6. 半亩花田：在各大新媒体平台深耕内容电商

半亩花田是济南君姿玫瑰制品开发有限公司的核心品牌，该品牌充分把握高效沉淀用户这个新媒体营销的重点方向，在各大新媒体平台通过深耕来沉淀粉丝，并以优质内容和有效的沟通方式，提升粉丝对品牌的认知，实现了打造内容电商品牌与高效卖货两不误。

下面，我们就从半亩花田于2019年"6·18"大促期间在双微（微信和微博）、抖音、小红书等新媒体平台的操作中，来看看这家内容电商的品牌传播玩法。

（1）大促期间的预热、引爆、转化策略

半亩花田的品牌宣传采取预热、引爆、转化的策略，分时间、分平台地进行差异化运营。半亩花田在大促之前的5月就开始品牌宣传，利用双微平台进行"广铺渠道"式的引流预热；活动中后期则主要在抖音平台，通过KOL与官方账号的集中推广，刺激活动前的用户购买欲；大促期间，小红书持续出现种草帖，以保持品牌热度。

（2）在不同平台投放不同的定制化内容

半亩花田选择微博、小红书、抖音三大新媒体平台分别进行不同的内容投放：

在微博平台，半亩花田前期主要是投放大量产品折扣优惠信息，主推广折扣产品磨砂膏、足膜和身体乳；优惠信息以"买一送一""买一发三"等字眼吸睛，并强调产品的成分、功效特点等，以提高品牌认知。后期则利用微博平台粉丝流量多的特点，通过明星代言活动引发互动，进一步促成购买。

在小红书平台，半亩花田将传播内容分为两种类型，即用户自发的使用体验和长尾 KOL 的产品测评。半亩花田在小红书的传播采取的是 KOC（关键意见消费者）投放策略，以 KOC 亲自写的产品笔记为主要内容，并配合抽奖等活动，传输到高互动性、高信任感的粉丝群体中，以此促成购买。

在抖音平台，半亩花田利用抖音强娱乐性、追求刺激的特点，其视频内容前期有大量爱情类小剧场，由此获得了高互动量并积累了粉丝；后期凭借爱情类产品视频的"使用产品后蜕变"来获得用户种草，用故事沉浸感增强观众对产品的印象。

（3）明星 +KOC+ 内容，实现投资回报率最大化

在微博平台，半亩花田邀请有 2810 万粉丝的关晓彤成为官方代言人，邀请有 1115 万粉丝的李艺彤进行直播。在明星效应下，半亩花田品牌的销量获得了指数级增长。

在小红书平台，半亩花田在各时间点分别投放了从大于 1000 到小于 1 万的 KOC，并配以互动抽奖活动，以持续稳定的不同时间点投放来掀起热议。在 KOC 强调产品的精致笔记形成一定量级时，出演热播剧《都挺好》的明星高露在小红书视频中发布同款手膜，让网友在视频中能够认出手膜

是半亩花田的产品,从而有效提升了品牌知名度。

在抖音平台,半亩花田主要与美妆类、种草类、情感类博主合作,并配合产品特性推广与反转剧本等内容元素,对品牌互动量的提升起到了显著作用。

半亩花田通过2019年"6·18"大促期间的各平台运作,不仅使内容电商的品牌得到了很好的传播,而且使产品销量获得了指数级增长。事实说明,利用新媒体平台做营销,必须考虑平台与自身的属性,选对平台很重要。另外,品牌传播要利用好长尾KOL或更广泛的KOC,根据不同渠道特征产出差异化内容。毫无疑问,与产品硬广相比,软性品牌内容广告在用户体验与情感共鸣上反响更好。

新媒体运营——电商人从零开始学运营

后 记

书稿收笔之际,突然想到国学大师王国维的论学三境界:一是"昨夜西风凋碧树,独上高楼,望尽天涯路"。意思是说,做学问成大事业者首先应该登高望远,了解概貌,鸟瞰路径,寻求破解之道。二是"衣带渐宽终不悔,为伊消得人憔悴"。意思是说,做学问、成大事业不是轻而易举的,必须经过一番辛勤劳动的过程。三是"众里寻他千百度,蓦然回首,那人却在灯火阑珊处"。意思是说,经过千辛万苦的反复追寻、研究,意外得到了成果,惊喜无限。

做学问有三种境界,其实,以内容为核心的新媒体运营也应该有三种境界,这就是基本功、胜任力和佼佼者。所谓基本功,就是说你的内容有很多人在看;所谓胜任力,就是说你的内容是自己写的;所谓佼佼者,就是你的内容达到了目标。

有许多人在看你的内容只是基础,这不能说明你真的有水平,因为这个内容可能不是你原创的。这就涉及第二境界,即你的内容是不是你写的。如果你能原创内容,就说明你有一定的水平。但是,原创内容也只是向前迈了一小步,因为原创的内容并非一定是好内容。这就涉及第三境界,即你的内容要达到预期目标。什么内容才能达到预期目标甚至是超出预期?毫无疑问,是优质内容。能够原创出优质内容,就说明你是一个有水平的人,并且是一个真正意义上的新媒体人。

后 记

　　生产并输出优质内容,永远是新媒体运营的宗旨和目标,需要从业者深入理解内容和精心把握内容。产出的内容能够净化世人心灵,引领时代进步,这才是新媒体运营从业者的终极追求!

　　相信通过本书的学习,你一定可以创造出用户喜欢的优质内容,最终成为一个合格的新媒体运营人才!

参考文献

1. 黎万强.参与感：小米口碑营销内部手册[M].北京：中信出版社，2014.

2. 王泽蕴.不做无效的营销[M].北京：中国友谊出版公司，2017.

3. 范冰.增长黑客：创业公司的用户与收入增长秘籍[M].北京：电子工业出版社，2015.

4. 卢建彰.文案力：如果没有文案，这世界会有多无聊？[M].台北：天下文化出版公司，2016.

5. 黄天文.引爆用户增长[M].北京：机械工业出版社，2017.

6. 李东临.新媒体运营[M].天津：天津科学技术出版，2018.

7. [美]艾·里斯，杰克·特劳特.定位[M].王恩冕，等译.北京：中国财政经济出版社，2002.

8. [美]约瑟夫·休格曼.文案训练手册[M].杨子苏，张晓丽，译.北京：中信出版社，2011.

9. [美]斯蒂芬·金.写作这回事——创作生涯回忆录[M].张坤译.上海：上海译文出版社，2009.

10. [美]马尔科姆·格拉德威尔.引爆点[M].钱清，覃爱冬，译.北京：中信出版社，2006.

11.[美]罗宾·威廉姆斯.写给大家看的设计书(第四版)[M].苏金国,李盼,译.北京:人民邮电出版社,2016.

12.[美]克劳德·霍普金斯.文案圣经:如何写出有销售力的文案[M].姚静,译.北京:中国友谊出版公司,2017.

13.[法]古斯塔夫·勒庞.乌合之众:大众心理研究[M].王飞,译.北京:现代出版社,2018.

双子座
(5.21-6.21)
GEMINI

守护星为水星。头脑反应快、理解能力强，能举一反三，收集情报的能力好，适合变数大的工作性质。

巨蟹座
(6.22-7.22)
CANCER

守护星为月亮。感性而细腻，重视家庭的和谐，讨厌与人起冲突，创造力、想象力高居十二星座榜首。

狮子座
(7.23-8.22)
LEO

守护星为太阳。开朗、心胸宽阔、独立心强，天生的领导者，在团体中总是最耀眼而可一展雄风。

处女座
(8.23-9.22)
VIRGO

守护星为水星。观察入微，分析能力强，任何事情都能从各种角度切入，在团体中最适合做个智囊人物。

天秤座
（9.23—10.23）
LIBRA

守护星为金星。应对得体、举止优雅，公正而不偏不倚，因此在团体中常担任和事佬。

天蝎座
（10.24—11.22）
SCORPIO

守护星为冥王星。个性深沉、难以捉摸，内心深处蕴涵强烈的猜疑心和斗争心，情感上容易走极端。

射手座
（11.23—12.21）
SAGITTARIUS

守护星为木星。乐观、冒险心旺盛，喜欢交朋友、旅行，讨厌被束缚，追求一种自由奔放的人生。

摩羯座
（12.22—1.19）
CAPRICORN

守护星为土星。努力而踏实，喜欢稳扎稳打的感觉，讲求公平合理，严以律己，也严以待人。

水瓶座
（1.20－2.18）
AQUARIUS

守护星为天王星。富有创造力及博爱精神，十足的理想主义者，会有脱离现实，一味追求理想的倾向。

双鱼座
（2.19－3.20）
PISCES

守护星为海王星。良好的第六感，颇有艺术家气息。由于很有同情心，因此容易牺牲自己成全别人。

白羊座
（3.21－4.19）
ARIES

守护星为火星。斗志高昂、正义感强，有开拓者精神和路见不平拔刀相助之风，善恶分明，嫉恶如仇。

金牛座
（4.20－5.20）
TAURUS

守护星为金星。沉稳内敛、和平安定，拥有舍我其谁的精神，慎重小心，一旦做决定就绝不轻易更改。

THE HIDDEN WORLD OF CHANGERS
魂武士
勇气为刃，可断金刚

THE HIDDEN WORLD OF CHANGERS
魂武士
勇气为刃，可断金刚

THE HIDDEN WORLD OF CHANGERS
魂武士
勇气为刃，可断金刚

THE HIDDEN WORLD OF CHANGERS
魂武士
勇气为刃，可断金刚